ESPAGNOL

RÉUSSIR SON BTS ESPAGNOL

Niveau : Bac +2

Joseph Sandalinas

ellipses

ISBN 2-7298-0791-8

www.editions-ellipses.com

Sommaire

Règle du jeu pédagogique :

Évaluation : toute phrase correcte dans son intégralité = +2,

une erreur ou aucune réponse donnée = 0,

deux erreurs ou plus = -1 à la phrase concernée.

I - VOCABULAIRE (1)

Rendre (si nécessaire) à chaque définition le terme approprié

1.	l'abattement (découragement)	a.	el abatimiento	
2.	l'abattement (sur une somme)	b.	la deducción	

1.	l'acte (le geste)	a.	el acta	
2.	l'acte (juridique)	b.	la partida	
3.	l'acte (de naissance)	c.	el acto	

1.	l'addition (l'adjonction)	a.	la cuenta	
2.	l'addition (la somme)	b.	la adición	
3.	l'addition (au restaurant)	c.	la suma	

1.	l'adresse (domicile)	a.	la destreza	
2.	l'adresse (habileté)	b.	la agilidad	
3.	l'adresse (agilité)	c.	la dirección	

1.	une affaire (commerciale)	a.	una ganga	
2.	une affaire (un sujet)	b.	un negocio	
3.	une affaire (une aubaine)	c.	un asunto	

Total des points : /28

Corrigé

1. l'abattement (découragement)	a. el abatimiento
2. l'abattement (sur une somme)	b. la deducción
1. l'acte (le geste)	c. el acto
2. l'acte (juridique)	a. el acta
3. l'acte (de naissance)	b. la partida
1. l'addition (l'adjonction)	b. la adición
2. l'addition (la somme)	c. la suma
3. l'addition (au restaurant)	a. la cuenta
1. l'adresse (domicile)	c. la dirección
2. l'adresse (habilité)	a. la destreza
3. l'adresse (agilité)	b. la agilidad
1. une affaire (commerciale)	b. un negocio
2. une affaire (un sujet)	c. un asunto
3. une affaire (une aubaine)	a. una ganga

1. l'aile (de l'oiseau) — a. la aleta
2. l'aile (du moulin) — b. el ala
3. l'aile (de la voiture) — c. el aspa

1. alimenter (nourrir) — a. mantener
2. alimenter (approvisionner) — b. alimentar
3. alimenter (une conversation) — c. abastecer

1. l'amélioration (le progrès) — a. la mejora – el mejora miento
2. l'amélioration (de la santé) — b. la mejoría

1. l'aménagement (la disposition) — a. la ordenación
2. l'aménagement (la mise en état) — b. la disposición
3. l'aménagement (l'organisation) — c. el acondicionamiento

1. l'angle (du triangle) — a. el rincón
2. l'angle (de la rue) — b. el ángulo
3. l'angle (d'une pièce) — c. la esquina

1. apprendre (le professeur) — a. enterarse
2. apprendre (l'étudiant) — b. enseñar
3. apprendre (s'informer) — c. aprender

Total des points : /34

Corrigé

1. l'aile (de l'oiseau)	b. el ala
2. l'aile (du moulin)	c. el aspa
3. l'aile (de la voiture)	a. la aleta

1. alimenter (nourrir)	b. alimentar
2. alimenter (approvisionner)	c. abastecer
3. alimenter (une conversation)	a. mantener

1. l'amélioration (le progrès)	a. la mejora – el mejora miento
2. l'amélioration (de la santé)	b. la mejoría

1. l'aménagement (la disposition)	b. la disposición
2. l'aménagement (la mise en état)	c. el acondicionamiento
3. l'aménagement (l'organisation)	a. la ordenación

1. l'angle (du triangle)	b. el ángulo
2. l'angle (de la rue)	c. la esquina
3. l'angle (d'une pièce)	a. el rincón

1. apprendre (le professeur)	b. enseñar
2. apprendre (l'étudiant)	c. aprender
3. apprendre (s'informer)	a. enterarse

1.	l'argent (le métal)	a.	la plata	
2.	l'argent (le numéraire)	b.	el dinero	

1.	l'arrêt (d'une activité)	a.	la parada	
2.	l'arrêt (de l'autobus)	b.	la sentencia	
3.	l'arrêt (d'un tribunal)	c.	el cese	

1.	arriver (en un lieu)	a.	alcanzar	
2.	arriver (atteindre)	b.	suceder	
3.	arriver (se passer)	c.	llegar	

1.	l'assemblée (le groupe)	a.	la junta	
2.	l'assemblée (des actionnaires)	b.	el congreso	
3.	l'assemblée (des députés)	c.	la asamblea	

1.	l'assurance (la certitude)	a.	la firmeza	
2.	l'assurance (contre le vol)	b.	la seguridad	
3.	l'assurance (la confiance)	c.	el seguro	

1.	l'avance (dans le temps)	a.	la ventaja	
2.	l'avance (d'argent)	b.	el anticipo	
3.	l'avance (l'avantage)	c.	el adelanto	

Total des points : /34

Corrigé

1. l'argent (le métal)	a. la plata
2. l'argent (le numéraire)	b. el dinero

1. l'arrêt (d'une activité)	c. el cese
2. l'arrêt (de l'autobus)	a. la parada
3. l'arrêt (d'un tribunal)	b. la sentencia

1. arriver (en un lieu)	c. llegar
2. arriver (atteindre)	a. alcanzar
3. arriver (se passer)	b. suceder

1. l'assemblée (le groupe)	c. la asamblea
2. l'assemblée (des actionnaires)	a. la junta
3. l'assemblée (des députés)	b. el congreso

1. l'assurance (la certitude)	b. la seguridad
2. l'assurance (contre le vol)	c. el seguro
3. l'assurance (la confiance	a. la firmeza

1. l'avance (dans le temps)	c. el adelanto
2. l'avance (l'argent)	b. el anticipo
3. l'avance (l'avantage)	a. la ventaja

1. la bande (pour bandage) a. la cuadrilla
2. la bande (magnétique) b. la venda
3. la bande (le groupe) c. la cinta

1. la banque (l'établissement) a. el banco
2. la banque (l'ensemble de la profession) b. la banca
3. la banque (de données) c. el banco

1. le bas (du corps) a. los bajos
2. le bas (d'un vêtement) b. la parte baja
3. le bas (le collant) c. la media

1. le bassin (dans un jardin) a. la cuenca
2. le bassin (minier) b. la pelvis
3. le bassin (partie du corps) c. el estanque

1. le bâtiment (la construction) a. la obra
2. le bâtiment (en construction) b. el buque
3. le bâtiment (le bateau) c. el edificio

1. le billet (pour un spectacle) a. el pagaré
2. le billet (de banque) b. el billete
3. le billet (à ordre) c. la entrada

Total des points : /34

Corrigé

1. la bande (pour bandage)	b. la venda
2. la bande (magnétique)	c. la cinta
3. la bande (le groupe)	a. la cuadrilla

1. la banque (l'établissement)	a. el banco
2. la banque (l'ensemble de la profession)	b. la banca
3. la banque (de données)	c. el banco

1. le bas (du corps)	b. la parte baja
2. le bas (d'un vêtements)	a. los bajos
3. le bas (le collant)	c. la media

1. le bassin (dans un jardin)	c. el estanque
2. le bassin (minier)	a. la cuenca
3. le bassin (partie du corps)	b. la pelvis

1. le bâtiment (la construction)	c. el edificio
2. le bâtiment (en construction)	a. la obra
3. le bâtiment (le bateau)	b. el buque

1. le billet (pour un spectacle)	c. la entrada
2. e billet (de banque)	b. el billete
3. le billet (à ordre)	a. el pagaré

1.	le bois (de chauffage)	a.	la madera	☐
2.	le bois (le lieu planté d'arbres)	b.	el bosque	☐
3.	le bois (la matière)	c.	la leña	☐

1.	la boîte (de sardines)	a.	la caja	☐
2.	la boîte (la caisse)	b.	el buzón	☐
3.	la boîte (aux lettres)	c.	la lata	☐

1.	la botte (chaussure)	a.	el manojo	☐
2.	la botte (de légumes)	b.	el ramo	☐
3.	la botte (de fleurs)	c.	la bota	☐

1.	le bouchon (de bouteille)	a.	el atasco	☐
2.	le bouchon (de liège)	b.	el tapón	☐
3.	le bouchon (sur la route)	c.	el corcho	☐

1.	la boucle (de cheveux)	a.	la cuerva	☐
2.	la boucle (de ceinture)	b.	el bucle	☐
3.	la boucle (du fleuve)	c.	la hebilla	☐

Total des points : ***/30***

Bilan global : ...../160 : 8 =...../20

Corrigé

1.	le bois (de chauffage)	c. la leña
2.	le bois (le lieu planté d'arbres)	b. el bosque
3.	le bois (la matière)	a. la madera
1.	la boîte (de sardines)	c. la lata
2.	la boîte (la caisse)	a. la caja
3.	la boîte (aux lettres)	b. el buzón
1.	la botte (chaussure)	c. la bota
2.	la botte (de légumes)	a. el manojo
3.	la botte (de fleurs)	b. el ramo
1.	le bouchon (de bouteille)	b. el tapón
2.	le bouchon (de liège)	c. el corcho
3.	le bouchon (sur la route)	a. el atasco
1.	la boucle (de cheveux)	b. el bucle
2.	la boucle (de ceinture)	c. la hebilla
3.	la boucle (du fleuve)	a. la cuerva

II - ESPAÑA

A - Compléter

España consta de ... Comunidades Autónomas (CC AA) y de ... provincias.

B - Choisir la bonne réponse

1. ¿Dónde se sitúa el pico de Mulhacén?
   a. la Sierra Nevada
   b. los Pirineos
2. ¿Qué río pasa por Toledo?
   a. el Ebro
   b. el Tajo
   c. el Duero
3. ¿Qué río pasa por Sevilla?
   a. el Guadalquivir
   b. el Guadiana

C - Relier chaque Autonomie avec sa capitale

a. Cataluña	1. Mérida
b. País Vasco	2. Sevilla
c. Aragón	3. Barcelona
d. Andalucía	4. Vitoria
e. Castilla-León	5. Santiago de Compostela

Total des points : /18

Corrigé

España consta de **17** Comunidades Autónomas (CC AA) y de **50** provincias.

1. ¿Dónde se sitúa el pico de Mulhacén?
   a. la Sierra Nevada
2. ¿Qué río pasa por Toledo?
   b. el Tajo
3. ¿Qué río pasa por Sevilla?
   a. el Guadalquivir

a.	Cataluña	3.	Barcelona
b.	País Vasco	4.	Vitoria
c.	Aragón	9.	Zaragoza
d.	Andalucía	2.	Sevilla
e.	Castilla-León	7.	Valladolid

f. Castilla-La Mancha — 6. Oviedo
g. Galicia — 7. Valladolid
h. Extremadura — 8. Logroño
i. La Rioja — 9. Zaragoza
j. Asturias — 10. Toledo

D - Relier chaque ville à l'Autonomie dans laquelle elle se trouve

1. Vigo	a. País Vasco
2. Gerona	b. Cataluña
3. Alicante	c. Castilla-León
4. Burgos	d. Andalucía
5. Jaén	e. Galicia
6. Bilbao	f. País Valenciano
7. La Coruña	
8. Avila	
9. Granada	
10. Segovia	

E - Que signifient les sigles suivants

PSOE

....

PP

....

CC OO

....

Total des points : /36

Corrigé

f.	Castilla-La Mancha	10.	Toledo
g.	Galicia	5.	Santiago de Compostela
h.	Extremadura	1.	Mérida
i.	La Rioja	8.	Logroño
j.	Asturias	6.	Oviedo

1.	Vigo	e.	Galicia
2.	Gerona	b.	Cataluña
3.	Alicante	f.	País Valenciano
4.	Burgos	c.	Castilla-León
5.	Jaén	d.	Andalucía
6.	Bilbao	a.	País Vasco
7.	La Coruña	e.	Galicia
8.	Avila	c.	Castilla-León
9.	Granada	d.	Andalucía
10.	Segovia	c.	Castilla-León

PSOE	Partido Socialista Obrero Español
PP	Partido Popular
CC OO	Comisiones Obreras (syndicat proche du PC)

UGT

....

INEM

....

RENFE

....

PYME

....

CEOE

....

BBV

....

ONCE

....

MOPU

....

RTVE

....

IRPF

....

ONG

....

SEAT

....

DNI

....

Total des points : **/26**

Bilan global : ...../80 : 4 =...../20

Corrigé

UGT	Unión General de Trabajadores (syndicat proche du PS)
INEM	Instituto Nacional de Empleo (= ANPE)
RENFE	Red Nacional de los Ferrocarriles Españoles (= SNCF)
PYME	Pequeña y Mediana Empresa (= PME)
CEOE	Confederación Española deOrganizaciones Empresariales (= Medef)
BBV	Banco Bilbao Vizcaya
ONCE	Organización Nacional de Ciegos Españoles
MOPU	Ministerio de Obras Públicas y Urbanismo
RTVE	Radiotelevisión española
IRPF	Impuesto sobre la Renta de la Personas Físicas
ONG	Organización No Gubernamental
SEAT	Sociedad Española de Automóviles de Turismo
DNI	Documento Nacional de Identidad

III - AMERICA

A - Rendre à chaque pays sa capitale

1. Perú	a. Bogotá
2. Ecuador	b. Caracas
3. Argentina	c. Montevideo
4. Colombia	d. San José
5. Chile	e. La Paz
6. Paraguay	f. Buenos Aires
7. Venezuela	g. Quito
8. Uruguay	h. Santiago
9. Bolivia	i. Asunción
10. Costa Rica	j. Lima

B - Situer chaque pays dans l'accord économique auquel il appartient

1. Perú	a. ALENA o TLC
2. Ecuador	b. Mercado Común Centroamericano
3. Argentina	c. Mercado Común Andino
4. Colombia	d. Mercado Común del Cono Sur
5. Mexico	
6. Paraguay	
7. Venezuela	
8. Uruguay	
9. Bolivia	
10. Costa Rica	

Total des points : **/40**

Corrigé

1.	Perú	j.	Lima
2.	Ecuador	g.	Quito
3.	Argentina	f.	Buenos Aires
4.	Colombia	a.	Bogotá
5.	Chile	h.	Santiago
6.	Paraguay	i.	Asunción
7.	Venezuela	b.	Caracas
8.	Uruguay	c.	Montevideo
9.	Bolivia	e.	La Paz
10.	Costa Rica	d.	San José

1.	Perú	c.	Mercado Común Andino
2.	Ecuador	c.	Mercado Común Andino
3.	Argentina	d.	Mercado Común del Cono Sur
4.	Colombia	c.	Mercado Común Andino
5.	Mexico	a.	ALENA o TLC
6.	Paraguay	d.	Mercado Común del Cono Sur
7.	Venezuela	c.	Mercado Común Andino
8.	Uruguay	d.	Mercado Común del Cono Sur
9.	Bolivia	c.	Mercado Común Andino
10.	Costa Rica	b.	Mercado Común Centroamericano

C - Relier chaque personnage à son pays

1.	Fidel Castro	a.	Chile
2.	Carlos Menem	b.	México
3.	Juan Domingo Perón	c.	Perú
4.	Pancho Villa	d.	Argentina
5.	Alberto Fujimori	e.	Cuba
6.	Salvador Allende		
7.	Comandante Marcos		
8.	Patricio Aylwin		
9.	Pablo Neruda		
10.	Mario Vargas Llosa		

D - Relier chaque ville à son pays

1.	Valparaíso	a.	México
2.	Cuzco	b.	Chile
3.	Guadalajara	c.	Perú
4.	Arequipa	d.	Colombia
5.	Puebla	e.	Agentina
6.	Medellín	f.	Bolivia
7.	Rosario		
8.	Córdoba		
9.	Sucre		
10.	Cali		

Total des points : /40

Bilan global : ...../80 : 4 =...../20

1.	Fidel Castro	e.	Cuba
2.	Carlos Menem	d.	Argentina
3.	Juan Domingo Perón	d.	Argentina
4.	Pancho Villa	b.	México
5.	Alberto Fujimori	c.	Perú
6.	Salvador Allende	a.	Chile
7.	Comandante Marcos	b.	México
8.	Patricio Aylwin	a.	Chile
9.	Pablo Neruda	a.	Chile
10.	Mario Vargas Llosa	c.	Perú

1.	Valparaíso	b.	Chile
2.	Cuzco	c.	Perú
3.	Guadalajara	a.	México
4.	Arequipa	c.	Perú
5.	Puebla	a.	México
6.	Medellín	d.	Colombia
7.	Rosario	e.	Agentina
8.	Córdoba	e.	Agentina
9.	Sucre	f.	Bolivia
10.	Cali	d.	Colombia

IV - SER / ESTAR

Ser	**Estar**	devant un adjectif qualificatif	
toujours devant			
un nom	un complément	**ser**	**estar**
un pronom	- de temps		
un nombre	- de lieu	aspect essentiel	aspect accidentel
un indéfini	- d'état		
une origine		devant un participe passé	
un infinitif			
		ser	**estar**
		action en cours	action achevée

IV - SER / ESTAR

Choisir la réponse correcte

1. El responsable del departamento no ..... aquí; me parece que .... de vacaciones.

   a. es – está b. está – es c. está – está

2. Su despacho ..... cerca de la salida. La puerta siempre ..... abierta.

   a. está – está b. está – es c. es – está

3. Su ambición ..... llegar a ingeniero, pero no ..... posible por falta de dinero.

   a. fue – estuvo b. era – fue c. está – es

4. Su nueva habitación ..... lujosa y el teléfono ..... al lado de la cama.

   a. está – está b. estaba – era c. era – estaba

5. El problema .... debatido en la junta de accionistas cuando todo ..... listo.

   a. será – esté b. será – está c. estará – estará

6. ..... las siete y cuarto, pero las luces del parque ya ..... encendidas.

   a. es – están b. eran – estaban c. están – están

7. Siempre ..... difícil llegar a esta tienda que ..... en el centro de la galería comercial.

   a. ha sido – está b. es – es c. estaba – estaba

Total des points : /14

Corrigé

1. c El responsable del departamento no **está** aquí; me parece que **está** de vacaciones.
2. a Su despacho **está** cerca de la salida. La puerta siempre **está** abierta.
3. c Su ambición **está** llegar a ingeniero, pero no **es** posible por falta de dinero.
4. c Su nueva habitación **era** lujosa y el teléfono **estaba** al lado de la cama.
5. a El problema **será** debatido en la junta de accionistas cuando todo **esté** listo.
6. b **Eran** las siete y cuarto, pero las luces del parque ya **estaban** encendidas.
7. a Siempre **ha sido** difícil llegar a esta tienda que **está** en el centro de la galería comercial.

8. El informe ….. realizado por un ejecutivo que ….. nombrado por el director general.

a. es – está b. fue – había sido c. estuvo – fue

9. ….. él quien dijo al cliente donde …. el director de la agencia.

a. es – es b. fue – era c. fue – estaba

10. ….. muchos los que llegaron el lunes. La mayoría ….. de Galicia, los otros de Asturias y Cantabria

a. son – son b. eran – estaba c. fueron – era

11. El hotel San Marcos ….. situado frente al mar. ….. construido el año pasado.

a. está – fue b. es – fue c. era – estaba

12. La casa en la que vivíamos …. lejos del colegio y además …. muy húmeda.

a. estaba – era b. estaba – estuvo c. era – es

13. …. descubierto a las seis de la mañana. …. herido pero no quiso decir nada.

a. es – es b. fue – estaba c. estuvo – estaba

14. El libro que ….. encontrado por Juan en la clase ….. el de Pedro.

a. es – está b. fue – estaba c. ha sido – es

15. El jefe del departamento ….. seguro de que su decisión final ….. correcta.

a. está – es b. era – era c. está – está

Total des points : /16

Corrigé

8. b El informe **fue** realizado por un ejecutivo que **había sido** nombrado por el director general.

9. c **Fue** él quien dijo al cliente donde **estaba** el director de la agencia.

10. c **Fueron** muchos los que llegaron el lunes. La mayoría **era** de Galicia, los otros de Asturias y Cantabria

11. a El hotel San Marcos **está** situado frente al mar **fue** construido el año pasado.

12. a La casa en la que vivíamos **estaba** lejos del colegio y además **era** muy húme da.

13. b **Fue** descubierto a las seis de la mañana **estaba** herido pero no quiso decir nada.

14. c El libro que **ha sido** encontrado por Juan en la clase **es** el de Pedro.

15. a El jefe del departamento **está** seguro de que su decisión final **es** correcta.

16. El objetivo ..... fuera de alcance pero no ..... suficiente para desalentarle.

a. estaba – era b. es – es c. estaba – estaba

17. ..... evidente que si .... solo para hacerlo, no lo conseguiría.

a. era – está b. estaba – estaba c. era – estaba

18. El problema ..... que no le puedo contestar ya que el señor director se ha ido y no ..... de vuelta hasta las cinco.

a. es – será b. es – estará c. está – estará

19. Cuando nosotros en España ..... en invierno, ... el verano en Chile.

a. estamos – es b. somos – es c. somos – está

20. El problema ..... resuelto por el arquitecto cuando la casa ya ..... a punto de acabar.

a. está – está b. fue – estaba c. estará – esté

Total des points : /10

Bilan global : ...../40 : 2 =...../20

Corrigé

16. a El objetivo **estaba** fuera de alcance pero no **era** suficiente para desal entarle.

17. c **Era** evidente que si **estaba** solo para hacerlo, no lo conseguiría.

18. b El problema **es** que no le puedo contestar ya que el señor director se ha ido y no **estará** de vuelta hasta las cinco.

19. a Cuando nosotros en España **estamos** en invierno, **es** el verano en Chile.

20. b El problema **fue** resuelto por el arquitecto cuando la casa ya **estaba** a punto de acabar.

V - « DONT »

« dont » complément d'un nom sujet ou COD	« dont » complément d'un adjectif ou d'un verbe
cuyo, o, os, as	pour les personnes et pour les choses **del que, de la que, de los que, de las que** **del cual, de la cual, de los cuales, de las cuales** pour les personnes seulement **de quien, de quienes**

V - « DONT »

Traduire

1. C'est une affaire complexe dont personne ne connaît le dénouement pour l'instant.

2. C'était une entreprise dont le chiffre d'affaires avait doublé en six ans.

3. Ce cadre dont tout le monde parlait était parti en vacances sans rien dire.

4. Il sera difficile de négocier avec ce fournisseur dont les prix doivent diminuer.

5. Il termina avec une explication dont je ne voyais pas le rapport avec mon problème.

6. Ils visitèrent le lieu d'implantation de l'usine dont trois journaux disaient qu'elle ne se construirait pas.

Total des points : /12

Corrigé

1. Es un asunto complejo **cuyo** desenlace de momento nadie conoce.
2. Era una empresa **cuya** facturación había duplicado en seis años.
3. Este ejecutivo **de quien** (**del que**) todos hablaban se había ido de vacaciones sin decir nada.
4. Será difícil negociar con este proveedor **cuyos** precios tienen que disminuir.
5. Acabó con una explicación **cuya** relación con mi problema noveía.
6. Visitaron el lugar de implantación de la fábrica **de la que** tres diarios decían que no se iba a construir.

7. La plus dynamique est la Navarre dont l'économie a atteint un équilibre admirable entre les différents secteurs productifs.

....

....

8. Le rapport met en relief l'importance de certaines marques dont le public se méfie et dont l'impact est négatif pour l'hypermarché.

....

....

9. L'accord, dont on disait qu'il ne serait pas signé avant lundi, fut obtenu grâce à l'intervention du responsable des ventes.

....

....

10. L'augmentation du taux d'inflation, dont personne n'avait prévu l'importance et dont peu avaient pris en compte la possible existence, réduisit à néant la plupart des projets beaucoup trop ambitieux.

....

....

....

Total des points : /8

Bilan global : ...../20

Corrigé

7. La más dinámica es Navarra **cuya** economía ha logrado un equilibrio admi rable entre los distintos sectores productivos.
8. El informe pone de relieve la importancia de ciertas marcas **de las que** des confía el público y cuyo impacto es negativo para el hipermercado
9. El convenio, **del que** se decía que no se firmaría antes del lunes, se obtuvo gracias a la intervención del responsable de las ventas.
10. El incremento de la tasa de inflación **cuya** importancia nadie había previsto y **de la que** pocos habían tomado en cuenta la posible existencia, aniquiló la mayor parte de los proyectos demasiado ambiciosos.

V - « DONT » (suite)

Attention ! : « Dont » quantitatif

a. « **dont** deux..., **dont** peu..., **dont** plusieurs..., etc. »
   il se traduit par : *de los cuales, de las cuales* ou bien *de ellos, de ellas*

b. « **dont** » signifie « parmi lesquels (lesquelles) » : *entre los (las) cuales*

V - « DONT » (suite)

Traduire sur le modèle

El director propuso cuatro medidas, dos de la cuales fueron rechazadas por los obreros.

Le directeur proposa quatre mesures, dont deux furent rejetées par les ouvriers

11. Cette gamme de produits comporte vingt modèles différents, dont huit sont déjà sur le marché.

12. Le constructeur a dû vérifier tous les modèles haut de gamme, dont la plupart pour malfaçon.

13. Les propriétaires ont décidé de rénover les boutiques de la galerie marchande, dont cinq avant Noël.

14. Le festival a également permis la projection de quinze films étrangers dont plusieurs ont été fort appréciées par le public.

15. Il désapprouvait l'exploitation à ciel ouvert de tant de carrières, dont quelques unes détruisaient à jamais le paysage.

Total des points : **/10**

Corrigé

11. Esta gama de productos consta de veinte modelos diferentes, ocho **de los cuales** ya están en el mercado
12. El constructor tuvo que controlar todos los modelos alto de gama, la mayoría **de los cuales** por defecto de fabricación.
13. Los propietarios han decidido renovar las tiendas de la galería comercial, cinco **de las cuales** antes de Navidad.
14. El festival ha permitido también la proyección de quince películas extranjeras, varias **de las cuales** fueron muy apreciadas por el público.
15. Desaprobaba la explotación a cielo abierto de tantas canteras algunas **de las cuales** destrozaban el paisaje para siempre.

Traduire sur le modèle

Nos han propuesto varias posibilidades, entre las cuales estas dos.

Ils nous ont proposé plusieurs possibilités, dont ces deux-là.

16. Ils étudièrent de nombreux projets, dont certains furent retenus pour être présentés lors de la prochaine réunion du conseil d'administration.

....

....

17. On convoqua alors tous les ouvriers de l'atelier numéro 5, dont la plupart étaient des spécialistes de haut niveau.

....

....

18. Toutes les maisons neuves du lotissement furent achevées avant l'automne, dont celle du directeur.

....

....

19. Beaucoup de réformes seront nécessaires pour mener à bien ce projet, dont celle de la journée de travail.

....

....

20. Si nous voulons gagner des parts de marché, il faudra modifier plusieurs critères de vente, dont la relation avec la clientèle étrangère.

....

....

Total des points : /10

Bilan global : ...../20

Corrigé

16. Estudiaron muchos proyectos, **entre los cuales** unos cuantos fueron seleccionados para presentar cuando la próxima reunión del consejo de administración
17. Se convocó entonces a todos los obreros del taller número 5, **entre los cuales** la mayor parte eran especialistas de alto nivel.
18. Todas las casas nuevas de la urbanización estuvieron acabadas antes del otoño, **entre las cuales** la del director.
19. Serán necesarias muchas reformas para llevar a cabo este proyecto, **entre las cuales** la de la jornada laboral.
20. Si queremos ganar cuotas de mercado, se tendrá que modificar varios criterios de venta, **entre los cuales** la relación con la clientela extranjera.

VI - CONJUGUER (1)

Remplir les cases vides

Indicatif				Subjonctif	
Présent	**Futur**	**Prétérit**	**Impératif**	**Présent**	**Imparfait**
te vas	✘			✘	
✘	pondrá			✘	
✘		dijiste			✘
viene			✘	✘	
✘		salimos	✘		
	✘	comisteis		✘	
✘		trajo	✘		
tienes				✘	✘
✘			canta	✘	
✘			supon	✘	
vales		✘	✘		
soy			✘		✘
✘	estaré		✘		
pide			✘	✘	
duerme			✘		✘
	andará			✘	✘
conduces		✘	✘		
obtiene			✘		✘
✘			cuenta		✘
✘		perdió	✘		

Total des points : **/40**

Bilan global : ...../40 : 2 =...../20

Corrigé

Indicatif				Subjonctif	
Présent	**Futur**	**Prétérit**	**Impératif**	**Présent**	**Imparfait**
te vas	✘	te fuiste	vete	✘	te fueras
✘	**pondrá**	puso	ponga	✘	pusiera
✘	dirás	**dijiste**	di	digas	✘
viene	vendrá	vino	✘	✘	viniera
✘	saldremos	**salimos**	✘	salgamos	saliéramos
coméis	✘	**comisteis**	comed	✘	comierais
✘	traerá	**trajo**	✘	traiga	trajera
tienes	tendrás	tuviste	ten	✘	✘
✘	cantarás	cantaste	**canta**	✘	cantaras
✘	supondrás	supusiste	**supon**	✘	supusieras
vales	valdrás	✘	✘	valgas	valieras
soy	seré	fui	✘	sea	✘
✘	**estaré**	estuve	✘	esté	estuviera
pide	pediré	pedí	✘	✘	pidiera
duerme	dormirá	durmió	✘	duerma	✘
anda	**andará**	anduvo	ande	✘	✘
conduces	conducirás	✘	✘	conduzcas	condujeras
obtiene	obtendrá	obtuvo	✘	obtenga	✘
✘	contarás	contaste	**cuenta**	cuentes	✘
✘	perderá	**perdió**	✘	pierda	perdiera

VII - Q.C.M. DIVERS

Choisir la bonne réponse

1. Cada día este chico se para .. de la tienda del señor Rius para mirar el escaparate.

   1. tras 2. ante 3. frente 4. delante

2. No conocía a ….. ejecutivo capaz de explicarle el funcionamiento de la empresa.

   1. algún 2. ningún 3. ninguno 4. alguien

3. Bastantes analistas opinan que los mercados europeos ….. agotados.

   1. tienen 2. son 3. están 4. se han

4. Es un empleado serio ….. capacidad ha sido comprobada muchas veces.

   1. cual 2. cuya 3. que 4. cuyo

5. Este especialista del arte va …... viaje ….. Italia por lo menos dos veces al año.

   1. en/en 2. de/a 3. en/a 4. en/para

6. El proyecto cuenta ….. el apoyo del director que lo comparte ….. varios ejecutivos.

   1. con/con 2. sobre/con 3. por/para 4. con/para

7. ….. una buena subvención sin justificación de ….. la quiere.

   1. ganara/porque 2. obtendrá/para que 3. ganó/por qué 4. rechazó/que

Total des points : /14

Corrigé

1. 4 Cada día este chico se para **delante** de la tienda del señor Rius para mirar el escaparate.
2. 2 No conocía a **ningún** ejecutivo capaz de explicarle el funcionamiento de la empresa.
3. 3 Bastantes analistas opinan que los mercados europeos **están** agotados.
4. 2 Es un empleado serio **cuya** capacidad ha sido comprobada muchas veces.
5. 2 Este especialista del arte va **de** viaje **a** Italia por lo menos dos veces al año.
6. 1 El proyecto cuenta **con** el apoyo del director que lo comparte **con** varios ejecutivos.
7. 2 **Obtendrá** una buena subvención sin justificación de **para que** la quiere.

8. ..... que esperar la decisión del consejo para que la empresa ..... empezar las obras.

1. tiene/puede 2. hay/puede 3. hace falta/pueda 4. tienen/pueda

9. Hace dos años y sin embargo parece que fue ayer ..... se enteraron de la verdad.

1. que 2. cuando 3. quienes 4. los que

10. ..... que nombrar a un especialista para encargarse de este negocio.

1. se tienen 2. habrá 3. hará 4. hay de

11. Nunca quiso decirlo, ni ..... cuando le ofrecieron un buen puesto en la editorial.

1. siquiera 2. solo 3. sólo 4. aunque

12. El contrato ..... de especificar con toda claridad cuantas horas tienes que trabajar.

1. tiene 2. se tiene 3. hace 4. ha

13. Por fin ..... aquí el nuevo aparato y ..... muy fácil de manejar.

1. es/es 2. está/está 3. es/está 4. está/es

14. Si usted me indica ..... traje desea comprar, le diré ..... es su precio

1. cual/que 2. que/cual 3. qué/cuál 4. que/cuanto

15. Si ..... en Barcelona por estas fechas, visitaría el Museo de Arte catalán.

1. estuviera 2. fuera 3. estaría 4. estaba

Total des points : /16

Corrigé

8. 4 **Tienen** que esperar la decisión del consejo para que la empresa **pueda** empezar las obras.

9. 2 Hace dos años y sin embargo parece que fue ayer **cuando** se enteraron de la verdad.

10. 2 **Habrá** que nombrar a un especialista para encargarse de este negocio.

11. 1 Nunca quiso decirlo, ni **siquiera** cuando le ofrecieron un buen puesto en la editorial.

12. 4 El contrato **ha** de especificar con toda claridad cuantas horas tienes que trabajar.

13. 4 Por fin **está** aquí el nuevo aparato y **es** muy fácil de manejar.

14. 3 Si usted me indica **qué** traje desea comprar, le diré **cuál** es su precio

15. 1 Si **estuviera** en Barcelona por estas fechas, visitaría el Museo de Arte catalán.

16. Esta chaqueta de cuero no ..... de Alberto ..... de mi hermano menor.

1. es/pero 2. es/sino 3. es/sino que 4. es la/sino que

17. Me prometió que en cuanto ..... el dinero, se ..... de vacaciones a Suiza.

1. tenía/irá 2. tenga/iba 3. tendría/irá 4. tuviera/iría

18. La secretaria ..... en la oficina desde las ocho y media hasta las dos de la tarde.

1. estuvo 2. fue 3. entró 4. se fue

19. Se puede programar ..... los colores de los títulos y eso ..... pulsar este botón.

1. todos/hay que 2. mismo/con 3. incluso/sólo con 4. algunos/con

20. ¿..... de acuerdo cuando se ..... que se tiene que modificar este esquema?

1. queda/dice 2. está/dicen 3. es/dicen 4. quedan/dicen

21. Pedro ..... bastante rico, sin embargo siempre ..... de dinero.

1. parece/necesita 2. parece/está necesitado 3. es/le falta 4. era/necesitara

22. Aunque la función ..... a las once, ya sería tarde para que ..... el tren.

1. acabe/tome 2. acabara/toma 3. acabará/tome 4. acabara/tomara

23. Quedé ..... mi madre ..... que yo volvería antes de las cinco del supermercado.

1. con/en 2. con/por 3. por/ya 4. que/ya

Total des points : /16

Corrigé

16. 2 Esta chaqueta de cuero no **es** de Alberto **sino** de mi hermano menor.

17. 4 Me prometió que en cuanto **tuviera** el dinero, se **iría** de vacaciones a Suiza.

18. 1 La secretaria **estuvo** en la oficina desde las ocho y media hasta las dos de la tarde.

19. 3 Se puede programar **incluso** los colores de los títulos y eso **sólo con** pulsar este botón.

20. 1 ¿**Queda** de acuerdo cuando se **dice** que se tiene que modificar este esquema?

21. 2 Pedro **parece** bastante rico, sin embargo siempre **está necesitado** de dinero.

22. 4 Aunque la función **acabara** a las once, ya sería tarde para que **tomara** el tren.

23. 1 Quedé **con** mi madre **en** que yo volvería antes de las cinco del supermercado.

24. Este trabajo implica ..... más horas de trabajo ..... previstas por el contrato.

1. mucho/que las 2. muchas/de las 3. muchas/que las 4. mucho/de las

25. Usted me dará su opinión cuando le ..... conveniente, pero antes del lunes si puede.

1. parezca 2. parecerá 3. parecería 4. pareciera

26. ..... la posición del ministro de Defensa, muchos pensaban que era un error.

1. cuanto a 2. a propósito 3. respecto a 4. por tanto

27. Con la última facturación, tiene posibilidades de ..... en el líder del mercado.

1. hacerse 2. volverse 3. ponerse 4. convertirse

28. Uno ..... cuatro turistas del hotel procede de un país del norte de Europa.

1. de ambos 2. de cada 3. por uno de 4. de unos

29. Hoy día, los turistas van ..... a Andalucía ..... a la España del Norte.

1. tanto/como 2. tan/como 3. tanto/que 4. tan/que

30. Este almacén nos ofrece la gama ..... moderna ..... sector informático.

1. la más/del 2. más/de 3. más/del 4. la más/al

31. Los arquitectos ..... a cabo el proyecto sin encontrar el menor obstáculo.

1. encontraron 2. pusieron 3. tuvieron 4. llevaron

Total des points : /16

Corrigé

24. 3 Este trabajo implica **muchas** más horas de trabajo **que las** previstas por el contrato.

25. 1 Usted me dará su opinión cuando le **parezca** conveniente, pero antes del lunes si puede.

26. 3 **Respecto a** la posición del ministro de Defensa, muchos pensaban que era un error.

27. 4 Con la última facturación, tiene posibilidades de **convertirse** en el líder del mercado.

28. 2 Uno **de cada** cuatro turistas del hotel procede de un país del norte de Europa.

29. 1 Hoy día, los turistas van **tanto** a Andalucía **como** a la España del Norte.

30. 3 Este almacén nos ofrece la gama **más** moderna **del** sector informático.

31. 4 Los arquitectos **llevaron** a cabo el proyecto sin encontrar el menor obstáculo.

32. Todo lo deseado será posible, ... se haya previsto la salida de emergencia.

1. a condición 2. con tal 3. más que 4. siempre que

33. Los obreros salieron de la fábrica ..... y resignadamente, sin decir palabra.

1. lentamente 2. tristamente 3. lenta 4. lento

34. A la secretaria, ... nada le servirá llamar; el director adjunto está ..... viaje.

1. de/de 2. de/en 3. por/de 4. sin/de

35. ¿Nos vamos? Es que su padre ..... ya una hora ..... del mismo tema.

1. lleva/respecto 2. lleva/hablando 3. hace/hablando 4. está/al hablar

36. El nivel de las exportaciónes a Argentina está ..... la media europea.

1. por abajo de 2. abajo de 3. bajo de 4. por debajo de

37. Los precios del mercado han aumentado ..... 30 por ciento ..... poco menos de seis meses.

1. en/en 2. en un/en 3. en/sin 4. en/con

38. Esta sucursal se ..... con el 28 por ciento del capital de la casa matriz.

1. pudo 2. hizo 3. fue 4. detuvo

39. Los últimos ordenadores son ..... más caros ..... que se pensaba al principio.

1. mucho/de lo 2. muchos/de lo 3. mucho/de 4. muchos/de

40. ..... los obreros ..... los ejecutivos están satisfechos con el último convenio colectivo.

1. tan/como 2. tantos/como 3. tan/que 4. tanto/como

Total des points : /18

Bilan global : ...../80 : 4 =...../20

Corrigé

32. 4 Todo lo deseado será posible, **siempre que** se haya previsto la salida de emergencia.

33. 3 Los obreros salieron de la fábrica **lenta** y resignadamente, sin decir palabra.

34. 1 A la secretaria, **de** nada le servirá llamar; el director adjunto está **de** viaje.

35. 2 ¿Nos vamos? Es que su padre **lleva** ya una hora **hablando** del mismo tema.

36. 4 El nivel de las exportaciónes a Argentina está **por debajo de** la media europea.

37. 2 Los precios del mercado han aumentado **en un** 30 por ciento **en** poco menos de seis meses.

38. 2 Esta sucursal se **hizo** con el 28 por ciento del capital de la casa matriz.

39. 1 Los últimos ordenadores son **mucho** más caros **de lo** que se pensaba al principio.

40. 4 **Tanto** los obreros **como** los ejecutivos están satisfechos con el último convenio colectivo.

VIII - LA CONCORDANCE DES TEMPS

A - Relier principales et subordonnées

1.	Los obreros quieren que el convenio	a.	defienda sus intereses.
2.	Es normal que cada uno	b.	renunciaran a algunas ventajas.
3.	El presidente les pedía que	c.	se firme antes de Navidad.
4.	Habrá negociaciones antes de que	d.	tuvieras tiempo de pensarlo.
5.	Te lo dijeron en seguida para que	e.	los técnicos se declaren en huelga.

B - Conjuguer le verbe entre parenthèses

1. Se iba a casa de Juana sin que yo (saber) si volvería antes de comer.

....

2. Díselo cuanto antes para que no (irse) a Alicante sin despedirse de su tío.

....

3. Era necesario que el fontanero (cambiar) el grifo de agua de la cocina.

....

4. No estaría mal que Juan (poder) venir con nosotros para visitar el museo.

....

5. Te aconsejó que no (olvidarse) de pasar por casa de su prima.

....

6. Su padre le había repetido muchas veces que (dejar) de fumar en pipa.

....

7. Supongo que usted me lo ha preguntado para que yo le (decir) dónde estaba ayer.

....

Total des points : **/24**

Corrigé

1.	Los obreros quieren que el convenio	c.	se firme antes de Navidad
2.	Es normal que cada uno	a.	defienda sus intereses.
3.	El presidente les pedía que	b.	renunciaran a algunas ventajas.
4.	Habrá negociaciones antes de que	e.	los técnicos se declaren en huelga.
5.	Te lo dijeron en seguida para que	d.	tuvieras tiempo de pensarlo.

1. Se iba a casa de Juana sin que yo **supiera** si volvería antes de comer.
2. Díselo cuanto antes para que no **se vaya** a Alicante sin despedirse de su tío.
3. Era necesario que el fontanero **cambiara** el grifo de agua de la cocina.
4. No estaría mal que Juan **pudiese** venir con nosotros para visitar el museo.
5. Te aconsejó que no **te olvidaras** de pasar por casa de su prima.
6. Su padre le había repetido muchas veces que **dejara** de fumar en pipa.
7. Supongo que usted me lo ha preguntado para que yo le **diga** dónde estaba ayer.

8. Tendrás que reparar la moto para que tu hermano (poder) llegar a tiempo a Bilbao.

....

9. Juan deseaba que Carmen (alejarse) un poco para sacar la útima foto.

....

10. A Alicia no le hacía ninguna gracia que Manuel (conducir) saltándose los semáforos.

....

C - Mettre le verbe de la principale au prétérit et modifier les autres en conséquence.

1. Quiero que tus amigos vengan con nosotros y nos expliquen cómo ha sido posible.

....

2. Ha venido a verme a fin de que yo le diga la solución y le dé tiempo para hacerlo.

....

3. Me alegro de que hayas encontrado este libro que buscas desde hace tiempo.

....

4. Te he dicho que pases dentro de tres horas para que tenga tiempo de prepararme.

....

5. Has hecho todo lo posible para que María saque una foto inolvidable.

....

6. Supongo que la has llamado a las tres para que llegue antes que los demás.

....

7. Nos recomienda que tengamos cuidado y que andemos por la acera central.

....

8. Le pide que no salga en seguida y se espere un poco para que le traigan el regalo.

....

Total des points : **/22**

Corrigé

8. Tendrás que reparar la moto para que tu hermano **pueda** llegar a tiempo a Bilbao.
9. Juan deseaba que Carmen **se alejara** un poco para sacar la útima foto.
10. A Alicia no le hacía ninguna gracia que Manuel **condujera** saltándose los semáforos.

1. quise/vinieran/explicaran/había sido
2. vino/dijera/diera
3. alegré/hubieras/buscabas/hacía
4. dije/pasaras/tuviera
5. hiciste/sacara
6. supuse/habías llamado/llegara
7. recomendó/tuviéramos/anduviéramos
8. pidió/saliera/esperase/trajeran

9. No me gusta que esta fábrica produzca artículos que no se pueden vender después.

....

10. Le aconseja que le ofrezca un ramo de flores sin que ella sepa quién ha sido.

....

D - Mettre le verbe de la principale au présent et modifier les autres en conséquence.

1. Te lo dije para que pudieras cambiar el titular y lo entregaras después al jefe.

....

2. Aunque sacaras los billetes a tiempo, no podíamos acompañarte al teatro.

....

3. Le escribieron una carta para que se enterase de la situación y tomara las medidas necesarias.

....

4. Lo hicieron para que todos llegaran a tiempo a la playa y consiguieran verlo alejarse.

....

5. Lo puse allí para que Carmen lo encontrara después del trabajo y se lo diera a su madre.

....

....

Total des points : /14

Bilan global : ...../60 : 3 =...../20

Corrigé

9. gustó/produjera/podían
10. aconsejó/ofreciera/supiera/había sido

1. digo/puedas/entregues
2. saques/podemos
3. escriben/se entere/tome
4. hacen/lleguen/consigan
5. pongo/encuentre/se lo dé

IX - L'OBLIGATION

	obligation personelle	**obligation impersonelle**
avec un verbe	tengo que + *infinitif*	hay que + *infinitif*
	hace falta que + *subjonctif*	hace falta + *infinitif*
	es preciso que + *subjonctif*	es preciso + *infinitif*
	es necesario que + *subjonctif*	es necesario + *infinitif*
avec un nom	necesito + *nom*	se necesita (n) + *nom*

IX - L'OBLIGATION

A - Choisir la réponse qui convient

1. ..... más tiempo para terminar este informe porque aún me faltan unos cuantos datos.

   a. necesito b. hacen falta c. tengo que

2. Pensabamos que sería fácil y sin embargo ..... esperar más de dos horas y media.

   a. tuvimos que b. teníamos c. hace falta que

3. Para realizar estas obras y terminarlas antes del otoño, ... un suplemento presupuestario.

   a. hay que b. se necesitarán c. fue preciso

4. El presidente ..... convocar a la junta de accionistas para hablar de este asunto mal encarrilado.

   a. hubo b. tuvo c. tuvo que

5. ..... que un ejecutivo hablara con la prensa para calmar los ánimos después de la huelga.

   a. es preciso b. fue necesario c. será preciso

6. Después de tantos años, los responsables ..... modificar por fin el seguro contra incendios.

   a. tuvieron que b. tuvo que c. hubieron que

Total des points : /12

Corrigé

1. a **Necesito** más tiempo para terminar este informe porque aún me faltan unos cuantos datos.
2. a Pensábamos que sería fácil y sin embargo **tuvimos que** esperar más de dos horas y media.
3. c Para realizar estas obras y terminarlas antes del otoño, **fue preciso** un suplemento presupuestario.
4. c El presidente **tuvo que** convocar a la junta de accionistas para hablar de este asunto mal encarrilado.
5. b **Fue necesario** que un ejecutivo hablara con la prensa para calmar los ánimos después de la huelga.
6. a Después de tantos años, los responsables **tuvieron que** modificar por fin el seguro contra incendios.

7. Si nuestro enviado especial tiene que ir a este país tropical, ... se vacune cuanto antes.

a. es preciso que b. tiene que c. hay que

8. Al ver que había tanta nieve en las calles, el consejo de administración ..... aplazar la asamblea general.

a. fue necesario b. tiene que c. tuvo que

9. Pagó en el acto con un cheque cruzado ; sabía que más tarde o más temprano ..... hacerlo.

a. tiene que b. será preciso c. sería necesario

10. Después de las semanas que pasaron, todos ..... unos días de descanso.

a. hacían falta b. necesitaban c. eran preciso

B - Exprimer l'obligation de deux façons différentes selon les élements donnés

1. El director convoca a su abogado. (tener que/ser necesario que)

....

....

2. El obrero cambió el grifo. (ser preciso que/tener que)

....

....

Total des points : /12

Corrigé

7. a Si nuestro enviado especial tiene que ir a este país tropical **es preciso que** se vacune cuanto antes.

8. c Al ver que había tanta nieve en las calles, el consejo de administración **tuvo que** aplazar la asamblea general

9. c Pagó en el acto con un cheque cruzado; sabía que más tarde o más temprano **sería necesario** hacerlo.

10. b Después de las semanas que pasaron, todos **necesitaban** unos días de descanso.

1. El director tiene que convocar a su abogado/Es necesario que le director convoque a su abogado.

2. Fue preciso que el obrero cambiara el grifo/El obrero tuvo que cambiar el grifo.

3. El portavoz se dirigirá a la prensa. (ser necesario que/tener que)

....

....

4. El turista enseñaba su pasaporte. (tener que/hacer falta que)

....

....

5. Los jefes aceptaron las propuestas. (Hacer falta que/tener que)

....

....

C - Réunir un élément de chaque série pour former des phrases correctes

a. Fue necesario cambiar la disposición de las secciones

b. Fue preciso que los productores

c. El gobierno tendrá que informar al país

d. Habrá que esperar los próximos resultados

e. Hizo falta esperar al alcalde

1. para que los rumores cesen de una vez para siempre.
2. para que se pueda confirmar la mejora de la balanza de pagos.
3. para que la clientela se sintiera más a gusto.
4. para que la inauguración del nuevo palacio de congresos pudiera empezar.
5. modificaran los precios de unos cuantos artículos.

Total des points : /6

Corrigé

3. Será necesario que el portavoz se dirija a la prensa/El portavoz tendrá que dirigirse a la prensa.
4. El turista tenía que enseñar su pasaporte/Hacía falta que el turista enseñara su pasaporte.
5. Hizo falta que los jefes acaptaran las propuestas/Los jefes tuvieron que aceptar las propuestas.

....

....

....

....

....

....

....

....

....

....

Total des points : /10

Bilan global : ...../40 : 2 =...../20

Corrigé

a. 3 Fue necesario cambiar la disposición de las secciones para que la clientela se sintiera más a gusto.

b. 5 Fue preciso que los productores modificaran los precios de unos cuantos artículos.

c. 1 El gobierno tendrá que informar al país para que los rumores cesen de una vez para siempre.

d. 2 Habrá que esperar los próximos resultados para que se pueda confirmar la mejora de la balanza de pagos.

e. 4 Hizo falta esperar al alcalde para que la inauguración del nuevo palacio de congresos pudiera empezar.

X - VOCABULAIRE (2)

Rendre (si nécessaire) à chaque définition le terme approprié

1.	le bout (du nez)	a.	el final	
2.	le bout (de la rue)	b.	la punta	
3.	le bout (le fragment)	c.	el trozo	

1.	le bouton (sur la peau)	a.	el botón	
2.	le bouton (d'un vêtement)	b.	el pulsador	
3.	le bouton (d'un appareil électrique)	c.	el grano	

1.	la branche (d'arbre)	a.	la patilla	
2.	la branche (de l'industrie)	b.	la rama	
3.	la branche (de lunette)	c.	el ramo	

1.	le buffet (le meuble)	a.	la fonda	
2.	le buffet (de la gare)	b.	el bufet	
3.	le buffet (la nourriture)	c.	el aparador	

1.	le bulletin (de vote)	a.	el boletín	
2.	le bulletin (météorologique)	b.	la papeleta	
3.	le bulletin (la publication)	c.	el parte	

Total des points : **/30**

Corrigé

1.	le bout (du nez)	b. la punta
2.	le bout (de la rue)	a. el final
3.	le bout (le fragment)	c. el trozo

1.	le bouton (sur la peau)	c. el grano
2.	le bouton (d'un vêtement)	a. el botón
3.	le bouton (d'un appareil électrique)	b. el pulsador

1.	la branche (d'arbre)	b. la rama
2.	la branche (de l'industrie)	c. el ramo
3.	la branche (de lunette)	a. la patilla

1.	le buffet (le meuble)	c. el aparador
2.	le buffet (de la gare)	a. la fonda
3.	le buffet (la nourriture)	b. el bufet

1.	le bulletin (de vote)	b. la papeleta
2.	le bulletin (météorologique)	c. el parte
3.	le bulletin (la publication)	a. el boletín

1. le bureau (lieu où l'on travaille)	a. el despacho	
2. le bureau (d'une personne)	b. el escritorio	
3. le bureau (le meuble)	c. la oficina	

1. le but (la cible)	a. el gol	
2. le but (l'objectif)	b. el blanco	
3. le but (au football)	c. la meta	

1. le cadre (d'un tableau)	a. el marco	
2. le cadre (d'une entreprise)	b. el ejecutivo	
3. le cadre (l'entourage)	c. el ambiente	

1. les carreaux (de faïence)	a. los cuadros	
2. les carreaux (de la fenêtre)	b. los azulejos	
3. les carreaux (d'un tissu)	c. los cristales	

1. la carte (bancaire)	a. la carta	
2. la carte (à jouer)	b. la tarjeta	
3. la carte (routière)	c. el mapa	

1. la cave (le sous-sol)	a. la cueva	
2. la cave (pour le vin)	b. el sótano	
3. la cave (le cabaret)	c. la bodega	

Total des points : /36

Corrigé

1.	le bureau (lieu où l'on travaille)	c. la oficina
2.	le bureau (d'une personne)	a. el despacho
3.	le bureau (le meuble)	b. el escritorio

1.	le but (la cible)	b. el blanco
2.	le but (l'objectif)	c. la meta
3.	le but (au football)	a. el gol

1.	le cadre (d'un tableau)	a. el marco
2.	le cadre (d'une entreprise)	b. el ejecutivo
3.	le cadre (l'entourage)	c. el ambiente

1.	les carreaux (de faïence)	b. los azulejos
2.	les carreaux (de la fenêtre)	c. los cristales
3.	les carreaux (d'un tissu)	a. los cuadros

1.	la carte (bancaire)	b. la tarjetal
2.	la carte (à jouer)	a. a carta
3.	la carte (routière)	c. el mapa

1.	la cave (le sous-sol)	b. el sótano
2.	la cave (pour le vin)	c. la bodega
3.	la cave (le cabaret)	a. la cueva

1.	la chaîne (télévision)	a.	la sierra	
2.	la chaîne (de montagnes)	b.	la cadena	
3.	la chaîne (de bicyclette)	c.	el canal	

1.	a classe (sociale)	a.	el aula	
2.	la classe (la salle)	b.	a clase	
3.	la classe (le cours)	c.	el curso	

1.	la clef (d'une serrure)	a.	la llave	
2.	la clef (d'une énigme)	b.	la llave	
3.	la clef (de judo)	c.	la clave	

1.	la commande (l'achat)	a.	el mando	
2.	la commande (le dispositif)	b.	el accionamiento	
3.	la commande (la mise en marche)	c.	el pedido	

1.	la conduite (d'une entreprise)	a.	la conducta	
2.	la conduite (le comportement)	b.	la conducción	
3.	la conduite (d'une voiture)	c.	la dirección	

1.	la côte (le rivage)	a.	la cuesta	
2.	la côte (la pente)	b.	la chuleta	
3.	la côte (de porc)	c.	la costa	

Total des points : /36

Corrigé

1. la chaîne (télévision)	c. el canal
2. la chaîne (de montagnes)	a. la sierra
3. la chaîne (de bicyclette)	b. la cadena

1. la classe (sociale)	b. la clase
2. la classe (la salle)	a. el aula
3. la classe (le cours)	c. el curso

1. la clef (d'une serrure)	a. la llave
2. la clef (d'une énigme)	c. la clave
3. la clef (de judo)	b. la llave

1. la commande (l'achat)	c. el pedido
2. la commande (le dispositif)	a. el mando
3. la commande (la mise en marche)	b. el accionamiento

1. la conduite (d'une entreprise)	c. la dirección
2. la conduite (le comportement)	a. la conducta
3. la conduite (d'une voiture)	b. la conducción

1. la côte (le rivage)	c. la costa
2. la côte (la pente)	a. la cuesta
3. la côte (de porc)	b. la chuleta

1. la coupe (d'un vêtement) — a. la tala
2. la coupe (pour boire) — b. el corte
3. la coupe (d'un arbre) — c. la copa

1. la couverture (d'un magazine) — a. la manta
2. la couverture (de lit) — b. la portada
3. la couverture (sociale) — c. la protección

1. la culture (des champs) — a. el cultivo
2. la culture (de l'esprit) — b. la cultura

1. le débit (d'un fleuve) — a. el débito
2. le débit (d'un compte) — b. el estanco
3. le débit (de tabac) — c. el caudal

1. la demande (la question) — a. la solicitud
2. la demande (la réclamation) — b. la demanda
3. la demande (commerciale) — c. la pregunta

1. le dépôt (bancaire) — a. el vertedero
2. le dépôt (l'entrepôt) — b. el depósito
3. le dépôt (d'ordures) — c. el almacén

Total des points : /34

Corrigé

1. la coupe (d'un vêtement)	b. el corte
2. la coupe (pour boire)	c. la copa
3. la coupe (d'un arbre)	a. la tala

1. la couverture (d'un magazine)	b. la portada
2. la couverture (de lit)	a. la manta
3. la couverture (sociale)	c. la protección

1. la culture (des champs)	a. el cultivo
2. la culture (de l'esprit)	b. la cultura

1. le débit (d'un fleuve)	c. el caudal
2. le débit (d'un compte)	a. el débito
3. le débit (de tabac)	b. el estanco

1. la demande (la question)	c. la pregunta
2. la demande (la réclamation)	a. la solicitud
3. la demande (commerciale)	b. la demanda

1. le dépôt (bancaire)	b. el depósito
2. le dépôt (l'entrepôt)	c. el almacén
3. le dépôt (d'ordures)	a. el vertedero

1.	le dossier (d'un siège)	a.	la cartera	
2.	le dossier (contenant des documents)	b.	el expediente	
3.	le dossier (les documents)	c.	el respaldo	

1.	l'élevage (l'ensemble du troupeau)	a.	la ganadería	
2.	l'élevage (la croissance)	b.	la cría	

1.	un emprunt (privé)	a.	la copia	
2.	un emprunt (public)	b.	el empréstito	
3.	un emprunt (une imitation)	c.	el préstamo	

1.	l'encadrement (de porte)	a.	el encuadramiento	
2.	l'encadrement (du personnel)	b.	el marco	

1.	l'enchère (offre)	a.	la puja	
2.	l'enchère (au jeu)	b.	la apuesta	

Total des points : **/24**

Bilan global : ...../160 : 8 =...../20

Corrigé

1.	le dossier (d'un siège)	c. el respaldo
2.	le dossier (contenant des documents)	a. la cartera
3.	le dossier (les documents)	b. el expediente

1.	l'élevage (l'ensemble du troupeau)	a. la ganadería
2.	l'élevage (la croissance)	b. la cría

1.	un emprunt (privé)	c. el préstamo
2.	un emprunt (public)	b. el empréstito
3.	un emprunt (une imitation)	a. la copia

1.	l'encadrement (de porte)	b. el marco
2.	l'encadrement (du personnel)	a. el encuadramiento

1.	l'enchère (offre)	a. la puja
2.	l'enchère (au jeu)	b. la apuesta

XI - LES PARTICIPES PASSÉS IRRÉGULIERS

Traduire les verbes à l'infinitif et trouver leurs participes passés correspondants

retourner	....	....	dicho	☐
découvrir	....	....	visto	☐
dire	....	....	impreso	☐
faire	....	....	escrito	☐
souscrire	....	....	abierto	☐
voir	....	....	podrido	☐
ouvrir	....	....	vuelto	☐
imprimer	....	....	hecho	☐
écrire	....	....	descubierto	☐
pourrir	....	....	suscrito	☐
couvrir	....	....	roto	☐
décrire	....	....	provisto	☐
dissoudre	....	....	inscrito	☐
mettre	....	....	encubierto	☐
rompre	....	....	resuelto	☐
cacher	....	....	puesto	☐
mourir	....	....	disuelto	☐
pourvoir	....	....	descrito	☐
inscrire	....	....	cubierto	☐
résoudre	....	....	muerto	☐

Total des points : **/40**

Bilan global : ...../40 : 2 =...../20

Corrigé

retourner	volver	vuelto
découvrir	descubrir	descubierto
dire	decir	dicho
faire	hacer	hecho
souscrire	suscribir	suscrito
voir	ver	visto
ouvrir	abrir	abierto
imprimer	imprimir	impreso
écrire	escribir	escrito
pourrir	pudrir	podrido
couvrir	cubrir	cubierto
décrire	describir	descrito
dissoudre	disolver	disuelto
mettre	poner	puesto
rompre	romper	roto
cacher	encubrir	encubierto
mourir	morir	muerto
pourvoir	proveer	provisto
inscrire	inscribir	inscrito
résoudre	resolver	resuelto

XII - TRADUIRE

Choisir la bonne traduction

1. Depuis longtemps, on ne respecte plus personne.
   a. Desde mucho tiempo, no se respeta a nadie.
   b. Desde hace mucho tiempo, ya no se respeta a nadie.
   c. Desde hace mucho tiempo, no se respeta más que a nadie.

2. Plus tu travailleras avec soin, plus tu gagneras d'argent.
   a. Cuanto más trabajes con cuidado, más dinero ganarás.
   b. Cuanto más trabajarás con cuidado, más dinero ganarás.
   c. En cuanto más trabajarás con cuidado, más dinero ganarás.

3. S'il avait été le directeur, il aurait pu vous le dire.
   a. Si hubiera sido el director, habría podido decírselo.
   b. Si hubiera estado el director, habría podido decírselo.
   c. Si habría sido el director, habría podido decírselo.

4. À mon avis, le prix de cette voiture est bien plus intéressant.
   a. A mi parecer, el precio de este coche es bien más interesante.
   b. A mi parecer, el premio de este coche es mucho más interesante.
   c. A mi parecer, el precio de este coche es mucho más interesante.

5. Il le lui donna de peur que son frère ne l'apprenne.
   a. Se lo dio por miedo a que su hermano se enterara.
   b. Se lo dio de miedo que su hermano lo aprendiera.
   c. Se lo dio por miedo que su hermano se enterase.

Total des points : **/10**

Corrigé

1. b Depuis longtemps, on ne respecte plus personne.

   Desde hace mucho tiempo, ya no se respeta a nadie.

2. a Plus tu travailleras avec soin, plus tu gagneras d'argent.

   Cuanto más trabajes con cuidado, más dinero ganarás.

3. a S'il avait été le directeur, il aurait pu vous le dire.

   Si hubiera sido el director, habría podido decírselo.

4. c À mon avis, le prix de cette voiture est bien plus intéressant.

   A mi parecer, el precio de este coche es mucho más interesante.

5. a Il le lui donna de peur que son frère ne l'apprenne.

   Se lo dio por miedo a que su hermano se enterara.

6. Ce sera une après-midi dont il se souviendra toujours.

   a. Será una tarde de la quien siempre se acordará.

   b. Será una tarde de la que siempre se acordará.

   c. Estará una tarde de la que siempre se acordará.

7. Va au supermarché et achète autant de bandes dessinées que tu voudras.

   a. Ve al supermercado y compra tantas historietas como quieres.

   b. Ve al supermercado y compra tantas historietas como quieras.

   c. Ve al supermercado y compras tantas historietas como querrás.

8. S'il avait eu le temps, il aurait demandé à son père de lui prêter la voiture.

   a. Si hubiera tenido tiempo, habría pedido a su padre que le dejara el coche.

   b. Si habría tenido tiempo, hubiera pedido a su padre de dejarle el coche.

   c. Si hubiera tenido tiempo, hubiera pedido a su padre que le deje el coche.

9. En sortant dans la rue, il se rendit compte qu'il avait oublié son portefeuille.

   a. Al salir en la calle, se dio cuenta de que se había olvidado la cartera.

   b. Al salir en la calle, se dio cuenta que se había olvidado la cartera.

   c. Al salir a la calle, se dio cuenta de que se había olvidado la cartera

10. Le fait qu'il ne soit pas là aujourd'hui nous permet de terminer ce rapport.

   a. El hecho de que hoy no esté aquí nos permite de terminar este informe.

   b. El hecho que hoy no esté aquí nos permite terminar este informe.

   c. El hecho de que hoy no esté aquí nos permite terminar este informe.

Total des points : /10

Corrigé

6. b Ce sera une après-midi dont il se souviendra toujours.

Será una tarde de la que siempre se acordará.

7. b Va au supermarché et achète autant de bandes dessinées que tu voudras.

Ve al supermercado y compra tantas historietas como quieras.

8. a S'il avait eu le temps, il aurait demandé à son père de lui prêter la voiture.

Si hubiera tenido tiempo, habría pedido a su padre que le dejara el coche.

9. c En sortant dans la rue, il se rendit compte qu'il avait oublié son porte feuille.

Al salir a la calle, se dio cuenta de que se había olvidado la cartera

10. c Le fait qu'il ne soit pas là aujourd'hui nous permet de terminer ce rapport.

El hecho de que hoy no esté aquí nos permite terminar este informe.

11. Je n'ai que cent francs, je ne peux rien vous acheter pour le moment.

a. Sólo tengo ciento francos, de momento no puedo comprarle nada.

b. Sólo tengo cien francos, de momento no puedo comprarle nada.

c. Sólo tengo cien francos, para el momento no puedo comprarle nada.

12. C'est en 1998 qu'à eu lieu l'Exposition Universelle à Séville.

a. Fue en 1998 cuando tuvo lugar la Expo Universal en Sevilla.

b. Es en 1998 que tuvo lugar la Expo Universal en Sevilla.

c. Fue en 1998 que tuvo lugar la Expo Universal en Sevilla.

13. Quand il quittera Madrid, il devra prendre le Talgo pour aller en France.

a. Cuando se marche de Madrid, tendrá que tomar el Talgo para ir a Francia.

b. Cuando quitará de Madrid, tendrá que tomar el Talgo para ir a Francia.

c. Cuando se marchará de Madrid, tendrá que tomar el Talgo para ir a Francia.

14. Parfois on ne comprend pas comment on peut vivre ainsi durant des années.

a. A veces uno no se comprende cómo la gente puede vivir así durante años.

b. A veces uno no comprende cómo la gente puede vivir así durante años.

c. A veces uno no comprende como la gente puede vivir así durante años.

15. Il a trop de travail pour rester comme ça, sans rien faire.

a. Tiene demasiado trabajo para quedarse así, sin no hacer nada.

b. Tiene demasiado trabajo por quedarse así, sin hacer nada.

c. Tiene demasiada trabajo para quedarse así, sin hacer nada.

Total des points : /10

Corrigé

11. b Je n'ai que cent francs, je ne peux rien vous acheter pour le moment.

Sólo tengo cien francos, de momento no puedo comprarle nada.

12. a C'est en 1998 qu'à eu lieu l'Exposition Universelle à Séville.

Fue en 1998 cuando tuvo lugar la Expo Universal en Sevilla.

13. a Quand il quittera Madrid, il devra prendre le Talgo pour aller en France.

Cuando se marche de Madrid, tendrá que tomar el Talgo para ir a Francia.

14. b Parfois on ne comprend pas comment on peut vivre ainsi durant des années.

A veces uno no comprende cómo la gente puede vivir así durante años.

15. c Il a trop de travail pour rester comme ça, sans rien faire.

Tiene demasiado trabajo para quedarse así, sin hacer nada.

16. La ville fut enterrée sous une couche de neige de plus d'un mètre d'épaisseur.

a. La ciudad quedó enterrada bajo una capa de nieve de un metro más de espesor.

b. La ciudad quedó enterrada debajo una capa de nieve de más de un metro de espesor.

c. La ciudad quedó enterrada bajo una capa de nieve de más de un metro de espesor.

17. Son frère est sûr qu'il vient et il compte qu'il l'aide.

a. Su hermano es seguro que viene y cuenta con que le ayude.

b. Su hermano está seguro de que viene y cuenta con que le ayude.

c. Su hermano es seguro de que viene y cuenta que le ayude.

18. Il y eut un moment où l'atmosphère de la maison devint irrespirable.

a. Hubo un momento en que el ambiente de la casa se hizo irrespirable.

b. Hubo un momento donde que el ambiente de la casa se hizo irrespirable.

c. Hubo un momento cuando que el ambiente de la casa se hizo irrespirable.

19. On a beau être intelligent, on peut se tromper.

a. Por muy listo que uno sea, uno puede equivocarse.

b. Con lo listo que uno sea, uno puede equivocarse.

c. Por mucho listo que uno sea, uno puede equivocarse.

20. Je ne le ferai pas aujourd'hui sauf si tu l'exiges.

a. No lo haré hoy salvo si lo exiges.

b. No lo haré hoy salvo que lo exijas.

c. No lo haré hoy salvo que lo exijes.

Total des points : /10

Bilan global : ...../40 : 2 =...../20

Corrigé

16. c La ville fut enterrée sous une couche de neige de plus d'un mètre d'épaisseur.

La ciudad quedó enterrada bajo una capa de nieve de más de un metro de espesor.

17. b Son frère est sûr qu'il vient et il compte qu'il l'aide.

Su hermano está seguro de que viene y cuenta con que le ayude.

18. a Il y eut un moment où l'atmosphère de la maison devint irrespirable.

Hubo un momento en que el ambiente de la casa se hizo irrespirable.

19. a On a beau être intelligent, on peut se tromper.

Por muy listo que uno sea, uno puede equivocarse.

20. b Je ne le ferai pas aujourd'hui sauf si tu l'exiges.

No lo haré hoy salvo que lo exijas.

XIII - PROVERBES

Trouver la traduction espagnole de chacun de ces proverbes français

Première série

1. Abondance de biens ne nuit pas.
2. À l'impossible nul n'est tenu.
3. Après la pluie, le beau temps.
4. Bien faire et laisser dire.
5. Chose promise, chose due.
6. Il faut battre le fer quand il est chaud.
7. Le temps c'est de l'argent.
8. Les conseilleurs ne sont pas les payeurs.
9. On n'apprend rien sans peine.
10. Mieux vaut tard que jamais.

a. Haz bien y no mires a quien.

h Al hierro caliente, batir de repente.

c. Lo que abunda no daña.

d. El tiempo es oro.

e. Después de la tempestad viene la calma.

f. Más vale tarde que nunca.

g. La letra con sangre entra.

h. Nadie está obligado a lo imposible.

i. Una cosa es predicar y otra dar trigo.

j. Lo prometido es deuda.

Total des points : /20

Corrigé

Première série

1. c Abondance de biens ne nuit pas.

   Lo que abunda no daña.

2. h À l'impossible nul n'est tenu.

   Nadie está obligado a lo imposible.

3. e Après la pluie, le beau temps.

   Después de la tempestad viene la calma.

4. a Bien faire et laisser dire.

   Haz bien y no mires a quien.

5. j Chose promise, chose due.

   Lo prometido es deuda.

6. b Il faut battre le fer quand il est chaud.

   Al hierro caliente, batir de repente.

7. d Le temps c'est de l'argent.

   El tiempo es oro.

8. i Les conseilleurs ne sont pas les payeurs.

   Una cosa es predicar y otra dar trigo.

9. g On n'apprend rien sans peine.

   La letra con sangre entra.

10. f Mieux vaut tard que jamais.

    Más vale tarde que nunca.

Deuxième série

1. À chaque jour suffit sa peine.
2. À l'œuvre on reconnaît l'artisan.
3. Aux grands maux, les grands remèdes.
4. Bien mal acquis ne profite jamais.
5. Des goûts et des couleurs il ne faut pas discuter.
6. Il faut vivre à Rome comme à Rome.
7. Qui trop embrasse mal étreint.
8. Qui ne dit mot, consent.
9. Un homme averti en vaut deux.
10. Un tiens vaut mieux que deux tu l'auras.

a. Donde fueres haz como vieres.

b. Bien mal adquirido a nadie ha enriquecido.

c. Quien mucho abarca poco aprieta.

d. Cada día trae su afán.

e. Hombre prevenido vale por dos.

f. A grandes males, grandes remedios.

g. Más vale pájaro en mano que ciento volando.

h. Por la muestra se conoce el paño.

i. Sobre gustos no hay nada escrito.

j. Quien calla, otorga.

Total des points : /20

Corrigé (suite)

Deuxième série

1. d À chaque jour suffit sa peine.

   Cada día trae su afán.

2. h À l'œuvre on reconnaît l'artisan.

   Por la muestra se conoce el paño.

3. f Aux grands maux, les grands remèdes.

   A grandes males, grandes remedios.

4. b Bien mal acquis ne profite jamais.

   Bien mal adquirido a nadie ha enriquecido.

5. i Des goûts et des couleurs il ne faut pas discuter.

   Sobre gustos no hay nada escrito.

6. a Il faut vivre à Rome comme à Rome.

   Donde fueres haz como vieres.

7. c Qui trop embrasse mal étreint.

   Quien mucho abarca poco aprieta.

8. j Qui ne dit mot, consent.

   Quien calla, otorga.

9. e Un homme averti en vaut deux.

   Hombre prevenido vale por dos.

10. g Un tiens vaut mieux que deux tu l'auras.

    Más vale pájaro en mano que ciento volando.

Troisième série

1. À cœur vaillant rien d'impossible.
2. Aide-toi, le ciel t'aidera.
3. À quelque chose malheur est bon.
4. C'est en forgeant qu'on devient forgeron.
5. Fais ce que dois, advienne que pourra.
6. On ne prête qu'aux riches.
7. Paris ne s'est pas fait en un jour.
8. L'habit ne fait pas le moine.
9. L'occasion fait le larron.
10. Une hirondelle ne fait pas le printemps.

a. Cobra buena fama y échate a dormir.
b. No se ganó Zamora en una hora.
c. A quien madruga Dios le ayuda.
d. Una golondrina no hace verano.
e. La ocasión hace al ladrón.
f. No hay mal que por bien no venga.
g. El hábito no hace al monje.
h. El uso hace el maestro.
i. El mundo es de los audaces.
j. Dinero llama dinero.

Total des points : **/20**

Bilan global : ...../60 : 3 =...../20

Corrigé (suite)

Troisième série

1. i	À cœur vaillant rien d'impossible.	El mundo es de los audaces.
2. c	Aide-toi, le ciel t'aidera.	A quien madruga Dios le ayuda.
3. f	À quelque chose malheur est bon.	No hay mal que por bien no venga.
4. h	C'est en forgeant qu'on devient forgeron.	El uso hace el maestro.
5. a	Fais ce que dois, advienne que pourra.	Cobra buena fama y échate a dormir.
6. j	On ne prête qu'aux riches.	Dinero llama dinero.
7. b	Paris ne s'est pas fait en un jour.	No se ganó Zamora en una hora.
8. g	L'habit ne fait pas le moine.	El hábito no hace al monje.
9. e	L'occasion fait le larron.	La ocasión hace al ladrón.
10. d	Une hirondelle ne fait pas le printemps.	Una golondrina no hace verano.

XIV - TEST

1. Pronom relatif sujet

– *que* (personne ou chose)	*el coche que pasa – la mujer que habla.*
– *quien* (personne)	*lo dijo a su padre, quien no lo sabía*

2. Pronom relatif complément (avec ou sans préposition)

– *que*	*la música que estoy escuchando*
– *quien* (personne seulement)	*la mujer a quien he visto ayer*
– *el que, la que, los que, las que*	*la chica con la que he hablado esta mañana*
– *el cual, la cual, los cuales, las cuales*	*transcurrió una semana durante la cual no se supo nada*

3. Traduction de « dont » : voir exercice V

XIV - TEST

A - Les relatifs

1. El niño ..... juega abajo con Manuel es el hijo de mi vecina María.

   a. que　　b. quien　　c. cual

2. Estas tiendas nuevas ..... se refiere el representante son las de la galería comercial.

   a. a que　　b. a quienes　　c. de las que

3. Los obreros ..... les pasó este problema todavía no han vuelto de la obra.

   a. a que　　b. a quienes　　c. a cuyos

4. No se conoce a este nuevo inquilino ..... padres han llamado ayer.

   a. a quien　　b. los cuales　　c. cuyos

5. El museo ..... encontré a unos turistas japoneses era de gran interés para mí.

   a. en que　　b. en lo que　　c. en el cual

6. La ciudad ..... hotel tenía que dormir quedaba a unos treinta kilómetros.

   a. a cuyo　　b. en cuyo　　c. en que

7. Los profesionales ..... hablé durante toda la tarde de ayer eran muy simpáticos.

   a. con quienes　　b. con que　　c. de cuyos

Total des points : /14

Corrigé

Série A

1. a El niño **que** juega abajo con Manuel es el hijo de mi vecina María.

2. a Estas tiendas nuevas **a que** se refiere el representante son las de la galería comercial.

3. b Los obreros **a quienes** les pasó este problema todavía no han vuelto de la obra.

4. c No se conoce a este nuevo inquilino **cuyos** padres han llama do ayer.

5. c El museo **en el cual** encontré a unos turistas japoneses era de gran interés para mí.

6. b La ciudad **en cuyo** hotel tenía que dormir quedaba a unos treinta kilómetros.

7. a Los profesionales **con quienes** hablé durante toda la tarde de ayer eran muy simpáticos.

8. El herido quiso contarnos ..... había pasado exactamente antes del accidente.

a. de que b. lo que c. como que

9. Encontré por casualidad a Alberto en ..... despacho no suelo entrar.

a. que b. cual c. cuyo

10. El abogado ..... te habló mi amigo podrá recibirte estar tarde a las cuatro.

a. de quien b. de cual c. de que

B - Choisir la réponse qui convient

1. No pienso que pueda venir mañana. Todavía le queda mucho ..... hacer.

a. a b. por c. para

2. Cuando bajó ..... la calle, descubrió que le habían puesto una multa.

a. en b. a c. por

3. A pesar de los años, el abuelo siempre recordaba ..... tiempos de la posguerra.

a. de los b. a los c. los

4. Se pasaba las tardes en el cine soñando ..... la estrella que un día sería.

a. con b. a c. de

5. Si necesitas ayuda para reparar el coche, ya sabes que puedes contar .....

a. conmigo b. sobre mí c. con yo

Total des points : /16

Corrigé (suite)

Série A (suite)

8. b El herido quiso contarnos **lo que** había pasado exactamente antes del accidente.

9. c Encontré por casualidad a Alberto en **cuyo** despacho no suelo entrar.

10. a El abogado **de quien** te habló mi amigo podrá recibirte estar tarde a las cuatro.

Série B

1. b No pienso que pueda venir mañana. Todavía le queda mucho **por** hacer.

2. b Cuando bajó **a** la calle, descubrió que le habían puesto una multa.

3. c A pesar de los años, el abuelo siempre recordaba **los** tiempos de la posguerra.

4. a Se pasaba las tardes en el cine soñando **con** la estrella que un día sería.

5. a Si necesitas ayuda para reparar el coche, ya sabes que puedes contar **conmigo**.

6. En el otoño, cuando llueve, este bosque huele ..... tierra mojada.

a. la b. a c. con

7. Me duele tanto ..... brazo que probablemente tendré que ir al médico mañana.

a. el b. del c. al

8. Cuando subió ..... tren, se dio cuenta de que no había sacado el billete.

a. en el b. al c. sobre el

9. El coche circulaba ..... la autopista del norte buscando la salida número nueve.

a. en b. sobre c. por

10. Al pensar ..... informe que tenía que presentar, se le ocurrió llamar a Juan.

a. en el b. al c. del

C - Choisir la formale verbale qui convient

1. No se sabe si ..... tiempo para visitar esta obra la semana que viene.

a. tendrán b. tenían c. se tenga

2. Con todo lo que podía resultar, no quiso que ..... la verdad.

a. sepan b. supieran c. hayan sabido

Total des points : /14

Corrigé (suite)

Série B (suite)

6. b En el otoño, cuando llueve, este bosque huele **a** tierra mojada.

7. a Me duele tanto **el** brazo que probablemente tendré que ir al médico mañana.

8. b Cuando subió **al** tren, se dio cuenta de que no había sacado el billete.

9. c El coche circulaba **por** la autopista del norte buscando la salida número nueve.

10. a Al pensar **en el** informe que tenía que presentar, se le ocurrió llamar a Juan.

Série C

1. a No se sabe si **tendrán** tiempo para visitar esta obra la semana que viene.

2. b Con todo lo que podía resultar, no quiso que **supieran** la verdad.

3. Al ver el balance de fin de año, le propuso ..... de viaje a Argentina.

a. que fuera b. que estuviera c. que vaya

4. El aceptó que se le ..... dinero, prometiendo devolverlo cuanto antes.

a. preste b. prestara c. presta

5. Cuando ..... a Santander, irás primero a la tienda de la calle Fuencarral.

a. llegarás b. llegaras c. llegues

6. Si lo ..... desde la semana pasado, ¿por qué no dijiste nada al responsable?

a. supieras b. sabías c. sepas

7. Si lo ..... antes que él, ¿seguro que me lo dirías en seguida?

a. supieras b. sabías c. sepas

8. Todo pasó muy rápidamente sin que nadie ..... en ella y su hermana.

a. reparara b. fijara c. repare

9. Nadie te lo ha dicho para que después no ..... tú con cuentos.

a. digas b. dijeras c. vengas

10. Cuando se lo dijo al director, éste se echo a reír ya que todos ..... su historia.

a. conocen b. conocían c. conocieran

Total des points : /16

Corrigé (suite)

Série C (suite)

3. a Al ver el balance de fin de año, le propuso **que fuera** de viaje a Argentina.

4. b El aceptó que se le **prestara** dinero, prometiendo devolverlo cuanto antes.

5. c Cuando **llegues** a Santander, irás primero a la tienda de la calle Fuencarral.

6. b Si lo **sabías** desde la semana pasado, ¿por qué no dijiste nada al responsable?

7. a Si lo **supieras** antes que él, ¿seguro que me lo dirías en seguida?

8. a Todo pasó muy rápidamente sin que nadie **reparara** en ella y su hermana.

9. c Nadie te lo ha dicho para que después no **vengas** tú con cuentos.

10. b Cuando se lo dijo al director, éste se echo a reír ya que todos **conocían** su historia.

D - Choisir le terme qui convient

1. Su jefe le indicó el funcionamiento del programa ..... pudiera realizar su informe.

   a. por qué b. para que c. ya que

2. No pudo acabar su estudio analítico ..... no le dieron todos los datos necesarios.

   a. puesto que b. aunque c. por mucho que

3. ..... se esfuerce, no conseguirá equilibrar el balance de fin de año.

   a. ya que b. como c. por más que

4. Nacho tuvo que cavar la tierra ..... Juanito se quedó con los brazos cruzados.

   a. ya que b. con tal de que c. siempre qué

5. Al ver sus conocimientos, lo contrataron en seguida ..... ser ciego.

   a. a no b. a pesar de c. con tal de

6. ..... venía a visitarle, le planteaba el mismo problema como si él pudiera hacer algo.

   a. siempre que b. a menos que c. tanto como

7. ..... le enseñaron el manejo del ratón, no tuvo más problemas con el ordenador.

   a. a menos que b. a pesar de que c. después que

Total des points : /14

Corrigé (suite)

Série D

1. b Su jefe le indicó el funcionamiento del programa **para que** pudiera realizar su informe.

2. a No pudo acabar su estudio analítico **puesto que** no le dieron todos los datos necesarios.

3. c **Por más que** se esfuerce, no conseguirá equilibrar el balance de fin de año.

4. a Nacho tuvo que cavar la tierra **ya que** Juanito se quedó con los brazos cruzados.

5. b Al ver sus conocimientos, lo contrataron en seguida **a pesar de** ser ciego.

6. a **Siempre que** venía a visitarle, le planteaba el mismo problema como si él pudiera hacer algo.

7. c **Después que** le enseñaron el manejo del ratón, no tuvo más problemas con el ordenador.

8. ..... llegara el contramaestre, colocaron las herramientas en su sitio.

a. puesto que b. como c. antes de que

9. Se lo explicará ..... vaya descubriendo las posibilidades de esta nueva impresora.

a. a medida que b. ya que c. porque

10. ..... se haya descubierto el virus, podremos reanudar nuestras investigaciones.

a. a causa de que b. puesto que c. en cuanto

Total des points : /6

Bilan global : ...../80 : 4 =...../20

Corrigé (suite)

Série D (suite)

8. c **Antes de que** llegara el contramaestre, colocaron las herramientas en su sitio.

9. a Se lo explicará **a medida que** vaya descubriendo las posibilidades de esta nueva impresora.

10. c **En cuanto** se haya descubierto el virus, podremos reanudar nuestras investigaciones.

XV - VOCABULAIRE (3)

Rendre (si nécessaire) à chaque définition le terme approprié

1.	l'endroit (le lieu)	a.	el pasaje
2.	l'endroit (le passage d'un livre)	b.	el derecho
3.	l'endroit (d'une étoffe)	c.	el sitio

1.	l'engagement (le commencement)	a.	la contrata
2.	l'engagement (d'un employé)	b.	el compromiso
3.	l'engagement (politique)	c.	el principio

1.	l'entretien (d'une voiture)	a.	la entrevista
2.	l'entretien (avec quelqu'un)	b.	el sustento
3.	l'entretien (d'une famille)	c.	el mantenimiento

1.	l'enveloppe (d'une lettre)	a.	el soborno
2.	l'enveloppe (d'un paquet)	b.	la envoltura
3.	l'enveloppe (le pot-de-vin)	c.	el sobre

1.	l'épreuve (l'essai)	a.	el examen
2.	l'épreuve (scolaire)	b.	la desgracia
3.	l'épreuve (le malheur)	c.	la prueba

Total des points : **/30**

Corrigé

1.	l'endroit (le lieu)	c. el sitio
2.	l'endroit (le passage d'un livre)	a. el pasaje
3.	l'endroit (d'une étoffe)	b. el derecho
1.	l'engagement (le commencement)	c. el principio
2.	l'engagement (d'un employé)	a. la contrata
3.	l'engagement (politique)	b. el compromiso
1.	l'entretien (d'une voiture)	c. el mantenimiento
2.	l'entretien (avec quelqu'un)	a. la entrevista
3.	l'entretien (d'une famille)	b. el sustento
1.	l'enveloppe (d'une lettre)	c. el sobre
2.	l'enveloppe (d'un paquet)	a. la envoltura
3.	l'enveloppe (le pot-de-vin)	b. el soborno
1.	l'épreuve (l'essai)	c. la prueba
2.	l'épreuve (scolaire)	a. el examen
3.	l'épreuve (le malheur)	b. la desgracia

1.	étranger (d'une autre ville)	a.	ajeno	
2.	étranger (d'une autre nation)	b.	forastero	
3.	étranger (sans relation avec le sujet)	c.	extranjero	

1.	fermer (une porte)	a.	cortar	
2.	fermer (l'eau, le gaz)	b.	correr	
3.	fermer (les rideaux)	c.	cerrar	

1.	la fête (la liesse)	a.	la feria	
2.	la fête (foraine)	b.	el santo	
3.	la fête (du saint)	c.	la fiesta	

1.	le filet (de bœuf)	a.	la red	
2.	le filet (de tennis)	b.	la redecilla	
3.	le filet (à provisions)	c.	el filete	

1.	fournir (ravitailler)	a.	facilitar	
2.	fournir (procurer)	b.	dar	
3.	fournir (produire)	c.	abastecer	

1.	fréquenter (une personne)	a.	tratar con	
2.	fréquenter (un lieu)	b.	salir con	
3.	fréquenter (avoir une liaison)	c.	frecuentar	

Total des points : **/36**

Corrigé

1.	étranger (d'une autre ville)	b. forastero
2.	étranger (d'une autre nation)	c. extranjero
3.	étranger (sans relation avec le sujet)	a. ajeno

1.	fermer (une porte)	c. cerrar
2.	fermer (l'eau, le gaz)	a. cortar
3.	fermer (les rideaux)	b. correr

1.	la fête (la liesse)	c. la fiesta
2.	la fête (foraine)	a. la feria
3.	la fête (du saint)	b. el santo

1.	le filet(de bœuf)	c. el filete
2.	le filet (de tennis)	a. la red
3.	le filet (à provisions)	b. la redecilla

1.	fournir (ravitailler)	c. abastecer
2.	fournir (procurer)	a. facilitar
3.	fournir (produire)	b. dar

1.	fréquenter (une personne)	a. tratar con
2.	fréquenter (un lieu)	c. frecuentar
3.	fréquenter (avoir une liaison)	b. salir con

1.	la fuite (de gaz)	a.	la filtración	
2.	la fuite (des capitaux)	b.	el escape	
3.	la fuite (l'indiscrétion)	c.	la fuga	

1.	gagner (salaire)	a.	alcanzar	
2.	gagner (se propager)	b.	ganar	
3.	gagner (atteindre)	c.	extenderse	

1.	la glace (miroir)	a.	el hielo	
2.	la glace (la crème glacée)	b.	el espejo	
3.	la glace (l'eau gelée)	c.	el helado	

1.	le goût (le sens)	a.	el gusto	
2.	le goût (la saveur)	b.	el sabor	
3.	le goût (le penchant)	c.	la afición	

1.	la grandeur (la taille)	a.	la grandeza	
2.	la grandeur (l'importance)	b.	el tamaño	
3.	la grandeur (morale)	c.	la amplitud	

1.	l'issue (la sortie d'un lieu)	a.	la salida	
2.	l'issue (fig. – l'échappatoire)	b.	el desenlace	
3.	l'issue (la fin)	c.	la solución	

Total des points : **/36**

Corrigé

1. la fuite (de gaz)	b. el escape
2. la fuite (des capitaux)	c. la fuga
3. la fuite (l'indiscrétion)	a. la filtración

1. gagner (salaire)	b. ganar
2. gagner (se propager)	c. extenderse
3. gagner (atteindre)	a. alcanzar

1. la glace (miroir)	b. el espejo
2. la glace (la crème glacée)	c. el helado
3. la glace (l'eau gelée)	a. el hielo

1. le goût (le sens)	a. el gusto
2. le goût (la saveur)	b. el sabor
3. le goût (le penchant)	c. la afición

1. la grandeur (la taille)	b. el tamaño
2. la grandeur (l'importance)	c. la amplitud
3. la grandeur (morale)	a. la grandeza

1. l'issue (la sortie d'un lieu)	a. la salida
2. l'issue (fig. — l'échappatoire)	c. la solución
3. l'issue (la fin)	b. el desenlace

1.	le jardin (potager)	a.	el jardín	
2.	le jardin (d'agrément)	b.	el parque	
3.	le jardin (public)	c.	el huerto	

1.	la lessive (le linge)	a.	la colada	
2.	la lessive (le nettoyage)	b.	el detergente	
3.	la lessive (le produit)	c.	la ropa	

1.	la levée (du courrier)	a.	la recaudación	
2.	la levée (d'impôts)	b.	la baza	
3.	la levée (au jeu de carte)	c.	la recogida	

1.	la location (d'une place de théâtre)	a.	el alquiler	
2.	la location (d'une voiture)	b.	el arrendamiento	
3.	la location (d'une terre)	c.	la reserva	

1.	le maître (l'instituteur)	a.	el dueño	
2.	le maître (le propriétaire)	b.	el amo	
3.	le maître (le patron)	c.	el maestro	

1.	le mandat (le pouvoir)	a.	el mandato	
2.	le mandat (postal)	b.	la procuración	
3.	le mandat (d'un député)	c.	el giro	

Total des points : /36

Corrigé

1. le jardin (potager)	c. el huerto
2. le jardin (d'agrément)	a. el jardín
3. le jardin (public)	b. el parque

1. la lessive (le linge)	c. la ropa
2. la lessive (le nettoyage)	a. la colada
3. la lessive (le produit)	b. el detergente

1. la levée (du courrier)	c. la recogida
2. la levée (d'impôts)	a. la recaudación
3. la levée (au jeu de carte)	b. la baza

1. la location (d'une place de théâtre)	c. la reserva
2. la location (d'une voiture)	a. el alquiler
3. la location (d'une terre)	b. el arrendamiento

1. le maître (l'instituteur)	c. el maestro
2. le maître (le propriétaire)	a. el dueño
3. le maître (le patron)	b. el amo

1. le mandat (le pouvoir)	b. la procuración
2. le mandat (postal)	c. el giro
3. le mandat (d'un député)	a. el mandato

1.	manquer (faire défaut)	a.	fallar	
2.	manquer (être rare)	b.	faltar	
3.	manquer (rater)	c.	escasear	

1.	la marche (l'évolution)	a.	la marcha	
2.	la marche (d'un escalier)	b.	el desarrollo	
3.	la marche (à pied)	c.	el peldaño	

1.	le marché (hebdomadaire)	a.	el mercado	
2.	le marché (l'accord)	b.	el trato	

1.	le mariage (la cérémonie)	a.	el matrimonio	
2.	le mariage (l'union)	b.	la boda	
3.	le mariage (des couleurs)	c.	la combinación	

Total des points : ***/22***

Bilan global : …../160 : 8 =…../20

Corrigé

1.	manquer (faire défaut)	b. faltar
2.	manquer (être rare)	c. escasear
3.	manquer (rater)	a. fallar

1.	la marche (l'évolution)	b. el desarrollo
2.	la marche (d'un escalier)	c. el peldaño
3.	la marche (à pied)	a. la marcha

1.	le marché (hebdomadaire)	a. el mercado
2.	le marché (l'accord)	b. el trato

1.	le mariage (la cérémonie)	b. la boda
2.	le mariage (l'union)	a. el matrimonio
3.	le mariage (des couleurs)	c. la combinació

XVI - CONJUGUER (2)

Remplir les cases vides

Indicatif				Subjonctif	
Présent	Futur	Prétérit	Impératif	Présent	Imparfait
ves	✗			✗	
✗	sabrá			✗	
✗		pusiste			✗
pide			✗	✗	
✗		dijimos	✗		
	✗	pasamos		✗	
✗		dedujo	✗		
vienes				✗	✗
✗			toma	✗	
✗			haz	✗	
eres		✗	✗		
salgo			✗		✗
✗	[illegible]		✗		
piensa			✗	✗	
sirve			✗		✗
	producirá			✗	✗
puedes		✗	✗		
detengo			✗		✗
✗			ten		✗
✗		encontró	✗		✗

Total des points : /40

Bilan global : ...../40 : 2 =...../20

Corrigé

Indicatif				Subjonctif	
Présent	**Futur**	**Prétérit**	**Impératif**	**Présent**	**Imparfait**
ves	✗	viste	ve	✗	vieras
✗	**sabrá**	supo	sepa	✗	supiera
✗	pondrás	**pusiste**	pon	pongas	✗
pide	pedirá	pidió	✗	✗	pidiera
✗	diremos	**dijimos**	✗	digamos	dijéramos
pasamos	✗	**pasamos**	pasemos	✗	pasásemos
✗	deducirá	**dedujo**	✗	deduzca	dedujera
vienes	vendrás	viniste	ven	✗	✗
✗	tomarás	tomaste	**toma**	✗	tomaras
✗	harás	hiciste	**haz**	✗	hicieras
eres	serás	✗	✗	seas	fueras
salgo	saldré	salí	✗	salga	✗
✗	**cogeré**	cogí	✗	coja	cogiera
piensa	pensará	pensó	✗	✗	pensara
sirve	serviré	serví	✗	sirva	✗
produce	**producirá**	produjo	produzca	✗	✗
puedes	podrás	✗	✗	puedas	pudieras
detengo	detendré	detuve	✗	detenga	✗
✗	tendrás	tuviste	**ten**	tengas	✗
✗	encontrará	**encontró**	✗	encuentre	encontrara

XVII - IL FAUT LE FAIRE !

Attribuer à chaque morceau en gras sa traduction correcte

1.	**Si tu le fais**, tu comprends pourquoi.	a.	Si lo hicieras
2.	**Si tu ne le faisais pas**, tu ne saurais rien.	b.	Si lo hubiera hecho
3.	**S'il l'avait fait**, on aurait compris.	c.	De no hacerlo
4.	**Si tu le faisais**, tu savais pourquoi.	d.	Si lo haces
5.	**Si tu l'avais fait**, tu saurais comment.	e.	De no haberlo hecho
6.	**Si tu le faisais**, tu comprendrais.	f.	Como lo hagas
7.	**Si tu le fais**, tu sauras pourquoi.	g.	Con haberlo hecho
8.	**Si tu ne l'avais pas fait**, nous n'aurions rien su.	h.	Si lo hacías

1.	Il lui ordonna **de le faire**.	a.	a hacerlo
2.	Il continua **de le faire**.	b.	dolía
3.	Il avait oublié **de le faire**.	c.	dar miedo
4.	Il allait **le faire**.	d.	hacerlo
5.	Il alla **faire** un tour.	e.	que lo hiciera
6.	Sa dent lui **faisait mal**.	f.	de hacer
7.	Il voulait **faire** une partie.	g.	es agradable
8.	Ce n'était pas difficile **à faire**.	h.	a dar
9.	Il pensait me **faire peur.**	i.	jugar
10.	**Il fait bon** vivre ici.	j.	haciéndolo
11.	Il dit que cela **ne fait rien**.	k.	hace
12.	**Cela fait** six mois que je l'attends.	l.	no importa

Total des points : **/40**

Bilan global : ...../40 : 2 =...../20

Corrigé

1.	Si tu le fais, tu comprends pourquoi.	e.	De no haberlo hecho
2.	Si tu ne le faisais pas, tu ne saurais rien.	c.	De no hacerlo
3.	S'il l'avait fait, on aurait compris.	b.	Si lo hubiera hecho
4.	Si tu le faisais, tu savais pourquoi.	h.	Si lo hacías
5.	Si tu l'avais fait, tu saurais comment.	g.	Con haberlo hecho
6.	Si tu le faisais, tu comprendrais.	a.	Si lo hicieras
7.	Si tu le fais, tu sauras pourquoi.	f.	Como lo hagas
8.	Si tu ne l'avais pas fait, nous n'aurions rien su.	e.	De no haberlo hecho

1.	Il lui ordonna de le faire.	e.	que lo hiciera
2.	Il continua de le faire.	j.	haciéndolo
3.	Il avait oublié de le faire.	d.	hacerlo
4.	Il allait le faire.	a.	a hacerlo
5.	Il alla faire un tour.	h.	a dar
6.	Sa dent lui faisait mal.	b.	dolía
7.	Il voulait faire une partie.	i.	jugar
8.	Ce n'était pas difficile à faire.	f.	de hacer
9.	Il pensait me faire peur.	c.	dar miedo
10.	Il fait bon vivre ici.	g.	es agradable
11.	Il dit que cela ne fait rien.	l.	no importa
12.	Cela fait six mois que je l'attends.	k.	hace

XVIII - EXPRESSIONS (1)

Reconstituer la traduction des expressions françaises

Première série

louer la terre	1.	arrendar	a.	un papel	
prendre des places	2.	sacar	b.	las investigaciones	
jouer un rôle	3.	desempeñar	c.	la meta	
faire une tournée	4.	hacer	d.	la tierra	
fermer à double tour	5.	cerrar con	e.	en doble fila	
poursuivre les recherches	6.	proseguir	f.	todo seguido	
toucher au but	7.	alcanzar	g.	la esquina	
aller tout droit	8.	ir	h.	localidades	
se garer en double file	9.	aparcar	i.	siete llaves	
tourner au coin de la rue	10.	doblar	j.	una gira	

Deuxième série

faire du shopping	1.	ir	a.	la atención	
payer d'avance	2.	pagar	b.	por la red	
avoir de la monnaie	3.	tener	c.	su parecer	
attirer l'attention	4.	llamar	d.	en quiebra	
mettre en cause	5.	poner	e.	por anticipado	
donner son avis	6.	dar	f.	a raya	
surfer sur Internet	7.	navegar	g.	de buena tinta	
savoir de source sûre	8.	saber	h.	suelto	
tenir a distance	9.	mantener	i.	en entredicho	
déposer le bilan	10.	declararse	j.	de tiendas	

Total des points : /40

Corrigé

Première série

louer la terre	1. arrendar	d. la tierra
prendre des places	2. sacar	h. localidades
jouer un rôle	3. desempeñar	a. un papel
faire une tournée	4. hacer	j. una gira
fermer à double tour	5. cerrar con	i. siete llaves
poursuivre les recherches	6. proseguir	b. las investigaciones
toucher au but	7. alcanzar	c. la meta
aller tout droit	8. ir	f. todo seguido
se garer en double file	9. aparcar	e. en doble fila
tourner au coin de la rue	10. doblar	g. la esquina

Deuxième série

faire du shopping	1. ir	j. de tiendas
payer d'avance	2. pagar	e. por anticipado
avoir de la monnaie	3. tener	h. suelto
attirer l'attention	4. llamar	a. la atención
mettre en cause	5. poner	i. en entredicho
donner son avis	6. dar	c. su parecer
surfer sur Internet	7. navegar	b. por la red
savoir de source sûre	8. saber	g. de buena tinta
tenir a distance	9. mantener	f. a raya
déposer le bilan	10. declararse	d. en quiebra

Troisième série

créditer un compte	1. abonar	a. una huelga	
faire un emprunt	2. hacer	b. la crisis	
payer en espèces	3. pagar	c. el trabajo	
appeler à la grève	4. convocar	d. una denuncia	
faire un stage	5. hacer	e. hincapié en	
reprendre le travail	6. reanudar	f. una cuenta	
surmonter la crise	7. superar	g. a entender	
porter plainte	8. poner	h. en metálico	
mettre l'accent sur	9. hacer	i. prácticas	
laisser entendre	10. dar	j. un préstamo	

Quatrième série

mettre en valeur	1. poner	a. un proyecto	
mettre en question	2. poner	b. un billete	
mettre en évidence	3. poner	c. fuego	
geler un projet	4. congelar	d. retraso	
rejeter des déchets	5. verter	e. en tela de juicio	
mettre le feu	6. prender	f. rumbo a	
prendre son billet	7. sacar	g. de realce	
mettre le cap sur	8. hacer	h. el tren	
avoir du retard	9. llevar	i. residuos	
manquer le train	10. perder	j. de manifiesto	

Total des points : /40

Bilan global : ...../80 : 4 =...../20

Corrigé

Troisième série

créditer un compte	1. abonar	f. una cuenta
faire un emprunt	2. hacer	j. un préstamo
payer en espèces	3. pagar	h. en metálico
appeler à la grève	4. convocar	a. una huelga
faire un stage	5. hacer	i. prácticas
reprendre le travail	6. reanudar	c. el trabajo
surmonter la crise	7. superar	b. la crisis
porter plainte	8. poner	d. una denuncia
mettre l'accent sur	9. hacer	e. hincapié en
laisser entendre	10. dar	g. a entender

Quatrième série

mettre en valeur	1. poner	g. de realce
mettre en question	2. poner	e. en tela de juicio
mettre en évidence	3. poner	j. de manifiesto
geler un projet	4. congelar	a. un proyecto
rejeter des déchets	5. verter	i. residuos
mettre le feu	6. prender	c. fuego
prendre son billet	7. sacar	b. un billete
mettre le cap sur	8. hacer	f. rumbo a
avoir du retard	9. llevar	d. retraso
manquer le train	10. perder	h. el tren

XIX - INDICATIF OU SUBJONCTIF ?

A - Mettre ces phrases à la forme négative

1. Creo que el problema que estás evocando tiene solución.

....

2. Estaba convencido de que el director lo sabía.

....

3. Está seguro de que eso se puede arreglar fácilmente.

....

4. El piensa que el vendedor tiene razón.

....

5. Es cierto que Juana lo va a decir a su hermano.

....

B - Mettre les verbes entre parenthèses au futur ou au subjonctif selon le cas

1. Está bastante retrasado. Quizás no (haber) encontrado a Pedro.

....

2. Hoy no he tenido tiempo, pero te prometo que te (llamar) mañana.

....

3. ¿Qué le (haber) pasado para que no quiera venir con nosotros?

....

4. ¿Por qué (hablar) así? Tal vez no (saber) la verdad.

....

5. A lo mejor Antonio (venir) después de las cuatro.

....

Total des points : **/20**

Corrigé

Série A

1. No creo que el problema que estás evocando tenga solución.
2. No estaba convencido de que el director lo supiera.
3. No está seguro de que eso se pueda arreglar fácilmente.
4. El no piensa que el vendedor tenga razón.
5. No es cierto que Juana lo vaya a decir a su hermano.

Série B

1. Está bastante retrasado. Quizás no **haya** encontrado a Pedro.
2. Hoy no he tenido tiempo, pero te prometo que te **llamaré** mañana.
3. ¿Qué le **habrá** pasado para que no quiera venir con nosotros?
4. ¿Por qué **hablará** así? Tal vez no **sepa** la verdad.
5. A lo mejor Antonio **vendrá** después de las cuatro.

C - Mettre les verbes à l'indicatif ou au subjonctif selon le cas

1. Cuando (tener) tiempo, iré a mirar esta nueva pantalla para el ordenador.

....

2. Cuando (entrar) el jefe con esta cara, ya sabemos lo que nos espera.

....

3. Aceptaremos a todos los que (preferir) venir con nosotros.

....

4. Lo que (querer) usted. Hubiera sido con mucho placer para mí.

....

5. Iré a vistarle en cuanto nosotros (llegar) a San Sebastián.

....

D - Mettre le temps du subjonctif qui convient

1. Aunque me lo (proponer) el mismo director, no lo aceptaría.

....

2. Aunque se lo (haber) dicho su padre, no se lo hubiera creído.

....

3. Por mucho que se (esforzar), no lo conseguirá, pienso yo.

....

4. Aunque (sacar) los billetes hoy, será para la semana que viene.

....

5. Los que (venir) conmigo tendrán la posibilidad de visitar el museo.

....

Total des points : **/20**

Corrigé

Série C

1. Cuando **tenga** tiempo, iré a mirar esta nueva pantalla para el ordenador.
2. Cuando **entra** el jefe con esta cara, ya sabemos lo que nos espera.
3. Aceptaremos a todos los que **prefieran** venir con nosotros.
4. Lo que **quiera** usted. Hubiera sido con mucho placer para mí.
5. Iré a vistarle en cuanto nosotros **lleguemos** a San Sebastián.

Série D

1. Aunque me lo **propusiera** el mismo director, no lo aceptaría.
2. Aunque se lo **hubiera** dicho su padre, no se lo hubiera creído.
3. Por mucho que se **esfuerce**, no lo conseguirá, pienso yo.
4. Aunque **saque** los billetes hoy, será para la semana que viene.
5. Los que **vengan** conmigo tendrán la posibilidad de visitar el museo.

E - Mettre l'imparfait du subjonctif ou de l'indicatif selon le cas

1. Si todos lo (saber), ¿por qué nadie intervino durante la sesión?

....

2. Si me lo (proponer) después de ella, no sé cómo reaccionaría.

....

3. Nos habló como si (ser) el responsable del nuevo programa de ventas.

....

4. Si (estar) aquí el fontanero, bien te lo explicaría.

....

5. ¿Qué podía hacer yo pues todos (pensar) que la culpa era del técnico?

....

F - Choisir la forme verbale qui convient

1. En cuanto lo (hayan – habrán – habían) reparado, se irán a dar una vuelta por ahí.

....

2. Si todos (serán – fueran – han sido) como tú, no sé cómo terminaría la cosa.

....

3. Después que se lo (dijeron – dijeran – dirán), se fue solo a casa de su tía.

....

4. Según (vayan – iban – irán) llegando las noticias, se preguntaba lo que pasaba realmente.

....

....

5. En el momento en que (encienda – encendió – encendiera) la luz, descubrió el salón vacío.

....

Total des points : **/20**

Corrigé

Série E

1. Si todos lo **sabían**, ¿por qué nadie intervino durante la sesión?
2. Si me lo **propusiera** después de ella, no sé cómo reaccionaría.
3. Nos habló como si **fuera** el responsable del nuevo programa de ventas.
4. Si **estuviera** aquí el fontanero, bien te lo explicaría.
5. ¿Qué podía hacer yo pues todos **pensaban** que la culpa era del técnico?

Série F

1. En cuanto lo **hayan** reparado, se irán a dar una vuelta por ahí.
2. Si todos **fueran** como tú, no sé cómo terminaría la cosa.
3. Después que se lo **dijeron**, se fue solo a casa de su tía.
4. Según **iban** llegando las noticias, se preguntaba lo que pasaba realmente.
5. En el momento en que encendió la luz, descubrió el salón vacío.

6. Cuando se (entera – enterará – entere), se va a enfadar y poner el grito en el cielo.

....

7. Desempeñó su papel como si nada (había – hubiera – haya) pasado el día antes.

....

G - Traduire les phrase suivantes

1. Il m'a dit d'aller chercher le rapport avant trois heures.

....

2. Je te conseille de ne pas oublier les dernières consignes.

....

3. Il lui demanda de ne pas sortir sans l'avertir.

....

4. Il me proposait de lui laisser un autre terrain.

....

5. Je lui ordonnai de revenir par le train de huit heures.

....

6. Je vous prie de me dire qui a pris une telle décision.

....

7. Il m'a suggéré de ne rien faire sans sa permission.

....

8. Il m'avait dit de ne rien faire tant qu'il n'aurait pas la réponse.

....

Total des points : /20

Bilan global : ...../80 : 4 =...../20

Corrigé

Série F (suite)

6. Cuando se entere, se va a enfadar y poner el grito en el cielo.
7. Desempeño su papel como si nada hubiera pasado el día antes.

Série G

1. Me ha dicho que vaya a buscar el informe antes de las tres.
2. Te aconsejo que no te olvides de las últimas consignas.
3. Le pidió que no saliera sin avisarle.
4. Me proponía que le dejara otro terreno.
5. Le ordené que volviera por el tren de las ocho.
6. Le ruego me diga quien ha tomado tal decisión
7. Me ha sugerido que no haga nada sin su permiso.
8. Me habia dicho que no hiciera nada mientras no tuviera la respuesta.

XX - TRADUIRE « c'est... qui / c'est... que »

1. Traduction de « c'est... qui ».

c'est moi qui parle : *soy yo quien hablo*

c'est nous qui le disions : *éramos nosotros quienes lo decíamos*

À noter que le verbe *ser* est au même temps et à la même personne que le verbe de la relative.

2. Traduction de « c'est... que »

		donde	(pour un complément de lieu)
ser	+	*cuando*	(pour un complément de temps)
		como, así	(pour un complément de manière)

À noter que le verbe *ser* est au même temps que le verbe de la circonstancielle.

XX - TRADUIRE « c'est... qui / c'est... que »

Remplacer la tournure française par son équivalent espagnol

1. (c'est moi qui) hablaré con el responsable del grupo para explicarle todo.

2. (c'est nous qui) llegamos las primeras al cine y así pudimos sentarnos en la última fila.

3. (c'est lui qui) la ha llamado para prevenirla de lo que podía ocurrir.

4. Si te digo que (c'est moi qui) escondió el libro, no te lo vas a creer.

5. Siempre (ce sont eux qui) despertaban al abuelo con el ruido que hacían sus viejas motocicletas.

6. (c'est ici que) pasó este tremendo accidente que hemos leído en el diario de la semana pasada.

7. (c'est alors que) entendió el sentido de las palabras que le había dicho el panadero por la mañana.

8. (c'est ainsi que) poco a poco aprendió a manejar el nuevo aparato que le habían ofrecido sus empleados.

Total des points : /16

Corrigé

1. **Seré yo quien** hablaré con el responsable del grupo para explicarle todo.
2. **Fuimos nosotras quienes** llegamos las primeras al cine y así pudimos sentarnos en la última fila.
3. **Ha sido él que** la ha llamado para prevenirla de lo que podía ocurrir.
4. Si te digo que **fui yo quien** escondió el libro, no te lo vas a creer.
5. Siempre **eran ellos quienes** despertaban al abuelo con el ruido que hacían sus viejas motocicletas.
6. **Aquí fue donde** pasó este tremendo accidente que hemos leído en el diario de la semana pasada.
7. **Fue entonces cuando** entendió el sentido de las palabras que le había dicho el panadero por la mañana.
8. **Así fue como** poco a poco aprendió a manejar el nuevo aparato que le habían ofrecido sus empleados.

9. (c'est chez moi que) se va a organizar esta fiesta para el cumpleaños de Carmen.

....

10. (c'est toi qui) decide de lo que tenemos que hacer mañana por la mañana.

....

Traduire

11. C'est toi qu'il écoute quand il ne sait plus comment faire.

....

12. Ce sont ces cadres que le directeur voudrait féliciter pour leur succès.

....

13. C'est ce rapport que nous avons lu hier soir avec Manuel.

....

14. C'est ici que vivait le directeur quand il était en vacances.

....

15. C'est peu après trois heures que commença la réunion.

....

16. C'est maintenant qu'il faut décider si nous signons le document.

....

17. Personne ne t'a averti, c'est pourquoi je te le dis.

....

18. C'est avec ce dessinateur que je veux réaliser mon projet.

....

19. C'est ici que vivaient les propriétaires du château.

....

20. C'est en étudiant le schéma que l'on comprend son fonctionnement

....

Total des points : **/24**

Bilan global : ...../40 : 2 =...../20

Corrigé

9. es en casa donde.
10. eres tú quien.

11. A ti es a quien escucha cuando no ya no sabe cómo hacer.
12. A estos ejecutivos es a quienes quisiera felicitar el director por su éxito.
13. Este informe es el que hemos leído anoche con Manuel.
14. Aquí era donde vivía el director cuando estaba de vacaciones.
15. Fue poco después de las tres cuando empezó la reunión.
16. Es ahora cuando hay que decidir si firmamos el documento.
17. No te ha avisado nadie, por eso te lo digo.
18. Es con este diseñador con quien quiero realizar este proyecto.
19. Aqui era donde vivian los propietarios del castillo.
20. Estudiando el esquema es como se entiende su funcionamiento.

XXI - VOCABULAIRE (4)

Rendre (si nécessaire) à chaque définition le terme approprié

1.	la marque (la preuve)	a.	la marca	
2.	la marque (le signe)	b.	el tanteo	
3.	la marque (le score)	c.	la muestra	

1.	la matière (la subtance)	a.	la asignatura	
2.	la matière (d'enseignement)	b.	el tema	
3.	la matière (le sujet)	c.	la materia	

1.	le membre (d'une famille)	a.	el miembro	
2.	le membre (d'un club)	b.	el socio	
3.	le membre (d'un comité)	c.	el vocal	

1.	le ménage (le couple)	a.	el menaje	
2.	le ménage (les travaux domestiques)	b.	el matrimonio	
3.	le ménage (les ustensiles)	c.	la limpieza	

1.	la mesure (la dimension)	a.	la mesura	
2.	la mesure (la retenue)	b.	la ración	
3.	la mesure (la dose)	c.	la medida	

Total des points : **/30**

Corrigé

1.	la marque (la preuve)	c. la muestra
2.	la marque (le signe)	a. la marca
3.	la marque (le score)	b. el tanteo

1.	la matière (la subtance)	c. la materia
2.	la matière (d'enseignement)	a. la asignatura
3.	la matière (le sujet)	b. el tema

1.	le membre (d'une famille)	a.el miembro
2.	le membre (d'un club)	b. el socio
3.	le membre (d'un comité)	c. el vocal

1.	le ménage (le couple)	b. el matrimonio
2.	le ménage (les travaux domestiques)	c. la limpieza
3.	le ménage (les ustensiles)	a. el menaje

1.	la mesure (la dimension)	c. la medida
2.	la mesure (la retenue)	a. la mesura
3.	la mesure (la dose)	b. la ración

1.	le milieu (le centre)	a.	el entorno	
2.	le milieu (la moitié)	b.	el medio	
3.	le milieu (l'environnement)	c.	la mitad	

1.	la mise (action de mettre)	a.	la apuesta	
2.	la mise (au jeu)	b.	la aportación	
3.	la mise (commerce)	c.	la puesta	

1.	la monnaie (la pièce)	a.	la vuelta	
2.	la monnaie (des pièces)	b.	la moneda	
3.	la monnaie (que l'on rend)	c.	el suelto	

1.	l'ordre (l'arrangement)	a.	la orden	
2.	l'ordre (le commandement)	b.	el orden	
3.	l'ordre (des avocats, médecins)	c.	el colegio	

1.	le panneau (solaire)	a.	el tablero	
2.	le panneau (pour annonces)	b.	el panel	
3.	le panneau (de signalisation)	c.	la señal	

1.	la place (dans une salle de spectacles)	a.	el sitio	
2.	la place (l'emploi)	b.	la localidad	
3.	la place (l'endroit)	c.	el puesto	

Total des points : /36

Corrigé

1.	le milieu (le centre)	b. el medio
2.	le milieu (la moitié)	c. la mitad
3.	le milieu (l'environnement)	a. el entorno

1.	la mise (action de mettre)	c. la puesta
2.	la mise (au jeu)	a. la apuesta
3.	la mise (commerce)	b. la aportación

1.	la monnaie (la pièce)	b. la moneda
2.	la monnaie (des pièces)	c. el suelto
3.	la monnaie (que l'on rend)	a. la vuelta

1.	l'ordre (l'arrangement)	b. el orden
2.	l'ordre (le commandement)	a. la orden
3.	l'ordre (des avocats, médecins)	c. el colegio

1.	le panneau (solaire)	b. el panel
2.	le panneau (pour annonces)	a. el tablero
3.	le panneau (de signalisation)	c. la señal

1.	la place (dans une salle de spectacles)	b. la localidad
2.	la place (l'emploi)	c. el puesto
3.	la place (l'endroit)	a. el sitio

1. la remise (la livraison) — a. el cobertizo
2. la remise (le rabais) — b. la entrega
3. la remise (l'abri) — c. el descuento

1. la reprise (de l'économie) — a. la recompra
2. la reprise (des relations) — b. la recuperación
3. la reprise (d'une marchandise vendue) — c. la reanudación

1. le rideau (en tissu épais) — a. el visillo
2. le rideau (transparent) — b. la cortina
3. le rideau (de théâtre) — c. el telón

1. le sac (à dos) — a. el bolso
2. le sac (à main) — b. la bolsa
3. le sac (en plastique) — c. la mochila

1 le siège (d'une voiture) — a. la sede
2 le siège (d'une organisation) — b. el escaño
3 le siège (de député) — c. el asiento

1 la station (de métro) — a. el balneario
2 la station (de taxis) — b. la estación
3 la station (thermale) — c. la parada

Total des points : /36

Corrigé

1. la remise (la livraison)	b. la entrega
2. la remise (le rabais)	c. el descuento
3. la remise (l'abri)	a. el cobertizo

1. la reprise (de l'économie)	b. la recuperación
2. la reprise (des relations)	c. la reanudación
3. la reprise (d'une marchandise vendue)	a. la recompra

1. le rideau (en tissu épais)	b. la cortina
2. le rideau (transparent)	a. el visillo
3. le rideau (de théâtre)	c. el telón

1. le sac (à dos)	c. la mochila
2. le sac (à main)	a. el bolso
3. le sac (en plastique)	b. la bolsa

1. le siège (d'une voiture)	c. el asiento
2. le siège (d'une organisation)	a. la sede
3. le siège (de député)	b. el escaño

1. la station (de métro)	b. la estación
2. la station (de taxis)	c. la parada
3. la station (thermale)	a. el balneario

1.	le tableau (peinture)	a.	el encerado	
2.	le tableau (d'avancement)	b.	el cuadro	
3.	le tableau (de classe)	c.	el escalafón	

1.	le terme (le délai)	a.	el término	
2.	le terme (le loyer)	b.	el plazo	
3.	le terme (la fin)	c.	el alquiler	

1.	le terrain (vague)	a.	el campo	
2.	le terrain (à bâtir)	b.	el descampado	
3.	le terrain (de sport)	c.	el solar	

1.	le tour (la machine)	a.	el turno	
2.	le tour (la promenade)	b.	el torno	
3.	le tour (le moment)	c.	la vuelta	

1	une tranche (de pain)	a.	una lonja	
2.	une tranche (de saucisson)	b.	una rebanada	
3.	une tranche (de jambon)	c.	una rodaja	

1.	le verre (à boire)	a.	el cristal	
2.	le verre (de lunette)	b.	el vidrio	
3.	le verre (la matière)	c.	el vaso	

Total des points : **/36**

Corrigé

1. le tableau (peinture)	b. el cuadro
2. le tableau (d'avancement)	c. el escalafón
3. le tableau (de classe)	a. el encerado
1. le terme (le délai)	b. el plazo
2. le terme (le loyer)	c. el alquiler
3. le terme (la fin)	a. el término
1. le terrain (vague)	b. el descampado
2. le terrain (à bâtir)	c. el solar
3. le terrain (de sport)	a. el campo
1. le tour (la machine)	b. el torno
2. le tour (la promenade)	c. la vuelta
3. le tour (le moment)	a. el turno
1. une tranche (de pain)	b. una rebanada
2. une tranche (de saucisson)	c. una rodaja
3. une tranche (de jambon)	a. una lonja
1. le verre (à boire)	c. el vaso
2. le verre (de lunette)	a. el cristal
3. le verre (la matière)	b. el vidrio

1.	viser (un document)	a.	atañer a	
2.	viser (avec une arme)	b.	visar	
3.	viser (concerner)	c.	apuntar	

1.	le vol (de l'oiseau)	a.	el robo	
2.	le vol (l'escroquerie)	b.	el vuelo	
3.	le vol (le larcin)	c.	la estafa	

1.	la vue (l'idée)	a.	la vista	
2.	la vue (le panorama)	b.	la intención	
3.	la vue (le projet)	c.	la opinión	

1.	le voyant (devin)	a.	el vidente	
2.	le voyant (signal lumineux)	b.	el piloto	

Total des points : **/22**

Bilan global : ...../160 : 8 =...../20

Corrigé

1.	viser (un document)	b. visar
2.	viser (avec une arme)	c. apuntar
3.	viser (concerner)	a. atañer a

1.	le vol (de l'oiseau)	b. el vuelo
2.	le vol (l'escroquerie)	c. la estafa
3.	le vol (le larcin)	a. el robo

1.	la vue (l'idée)	c. la opinión
2.	la vue (le panorama)	a. la vista
3.	la vue (le projet)	b. la intención

1.	le voyant (devin)	a. el vidente
2.	le voyant (signal lumineux)	b. el piloto

XXII - EXPRESSIONS (2)

Reconstituer la traduction des expressions françaises

Première série

faire le plein	1. llenar	a. rotundo
gâcher l'ambiance	2. aguar	b. un vistazo
tirer au sort	3. echar	c. al tanto
faire date	4. hacer	d. el déposito
un échec retentissant	5. un fracaso	e. de fiar
avoir mauvais caractère	6. tener	f. a suertes
être au courant	7. estar	g. a sus anchas
être digne de confiance	8. ser	h. la fiesta
être à l'aise	9. estar	i. mal genio
jeter un coup d'œil	10. echar	j. época

Deuxième série

vivre au jour le jour	1. vivir	a. el equipaje
verser des arrhes	2. dejar	b. una ficha
enregistrer les bagages	3. facturar	c. buena fama
s'occuper des clients	4. atender	d. a cuestas
porter sur le dos	5. llevar	e. al alcance
remplir une fiche	6. rellenar	f. de viaje
mettre à la portée	7. poner	g. senderismo

Total des points : /34

Corrigé

Première série

faire le plein	1. llenar	d. el déposito
gâcher l'ambiance	2. aguar	h. la fiesta
tirer au sort	3. echar	f. a suertes
faire date	4. hacer	j. época
un échec retentissant	5. un fracaso	a. rotundo
avoir mauvais caractère	6. tener	i. mal genio
être au courant	7. estar	c. al tanto
être digne de confiance	8. ser	e. de fiar
être à l'aise	9. estar	g. a sus anchas
jeter un coup d'oeil	10. echar	b. un vistazo

Deuxième série

vivre au jour le jour	1. vivir	h. al día
verser des arrhes	2. dejar	j. una señal
enregistrer les bagages	3. facturar	a. el equipaje
s'occuper des clients	4. atender	i. a la clientela
porter sur le dos	5. llevar	d. a cuestas
remplir une fiche	6. rellenar	b. una ficha
mettre à la portée	7. poner	e. al alcance

jouir d'une bonne réputation	8.	gozar de	h.	al día
faire de la randonnée	9.	hacer	i.	a la clientela
partir en voyage	10.	salir	j.	una señal

Troisième série (plus difficile)

composer un numéro (de téléphone)	1.	marcar	a.	la pauta
surgir à l'écran	2.	aparecer	b.	una comisión
déjouer les projets	3.	desbaratar	c.	la contabilidad
donner le ton	4.	marcar	d.	un número
demander un devis	5.	pedir	e.	efecto
encourager l'épargne	6.	fomentar	f.	los proyectos
rapporter des intérêts	7.	devengar	g.	el ahorro
poduire de l'effet	8.	causar	h.	en la pantalla
toucher une commission	9.	cobrar	i.	intereses
tenir la comptabilité	10.	llevar	j.	un presupuesto

Quatrième série (plus difficile)

accorder les pleins pouvoirs	1.	conferir	a.	un buen sueldo
acheter sur échantillon	2.	comprar	b.	los gastos
rattraper le temps perdu	3.	alcanzar	c.	caso omiso
relever le défi	4.	recoger	d.	una cita
se porter garant	5.	constituirse	e.	una cantidad
toucher un gros salaire	6.	cobrar	f.	el tiempo perdido

Total des points : /38

Corrigé (suite)

jouir d'une bonne réputation	8. gozar de	c. buena fama
faire de la randonnée	9. hacer	g. senderismo
partir en voyage	10. salir	f. de viaje

Troisième série

composer un numéro	1. marcar	d. un número
surgir à l'écran	2. aparecer	h. en la pantalla
déjouer les projets	3. desbaratar	f. los proyectos
donner le ton	4. marcar	a. la pauta
demander un devis	5. pedir	j. un presupuesto
encourager l'épargne	6. fomentar	g. el ahorro
rapporter des intérêts	7. devengar	i. intereses
produire de l'effet	8. causar	e. efecto
toucher une commission	9. cobrar	b. una comisión
tenir la comptabilité	10. llevar	c. la contabilidad

Quatrième série

accorder les pleins pouvoirs	1. conferir	h. plenos poderes
acheter sur échantillon	2. comprar	j. sobre muestra
rattraper le temps perdu	3. alcanzar	f. el tiempo perdido
relever le défi	4. recoger	i. el guante
se porter garant	5. constituirse	g. fiador
toucher un gros salaire	6. cobrar	a. un buen sueldo

affecter une somme	7.	destinar	g.	fiador	
fixer un rendez-vous	8.	concertar	h.	plenos poderes	
ne pas prendre en considération	9.	hacer	i.	el guante	
ne pas regarder à la dépense	10.	no escatimar	j.	sobre muestra	

Total des points : /8

Bilan global : ...../80 : 4 =...../20

Corrigé (suite)

affecter une somme	7. destinar	e. una cantidad
fixer un rendez-vous	8. concertar	d. una cita
ne pas prendre en considération	9. hacer	c. caso omiso
ne pas regarder à la dépense	10. no escatimar	b. los gastos

XXIII - PLUS… PLUS, MOINS… MOINS

Cuanto más… más… – Cuanto menos…, menos…

On regardera sur quoi porte la comparaison : adjectif – verbe – adverbe – nom.

Dans ce dernier cas, *cuanto* s'accorde avec le nom.

Exemples :

– **adjectif** *Cuanto más baja es la temperatura, más fácil resulta hacerlo.*
Plus la température est **basse**, plus il est facile de le faire.

– **verbe** *Cuanto más lo leo, menos lo entiendo.*
Plus je le **lis**, moins je comprends.

– **adverbe** *Cuanto más rápido lo haces, más pronto nos vamos.*
Plus rapidement tu le fais, plus vite on s'en va.

– **nom** *Cuanta más gente hay, más posibilidades existem.*
Plus il y a de **gens**, plus de possibilités on a.

XXIII - PLUS... PLUS, MOINS... MOINS

Choisir la bonne réponse. (prêter attention aux constructions)

a. cuanto b. cuanta c. cuantos d. cuantas

1. ... más difícil le parece el problema, más empeño pone en resolverlo.
2. ...menos exigencias tengan los candidatos, menos se les concederá.
3. ... más insiste en el asunto, menos le escucha el jefe de negociado.
4. ... más rápidamente se modernice la fábrica, menos tensiones surgirán.
5. ... más gente llegaba a la taquilla, menos tranquilo estaba.
6. ... mayor sea el crecimiento, mejor debería ser el balance final.
7. ... menos informes tenga que archivar, más tiempo podrá dedicar al proyecto.
8. ... más habitaciones se reservan en el hotel, menos caro resulta el viaje.
9. .... más pronto llegues a la oficina, más posibilidades de hablarle tendrás.
10. ... menos leche pongas en esta salsa, más sabrosa te quedará.
11. ... más horas dediques a este programa, menos habrá que buscar otra solución.
12. ... más clientes compran esta prenda, más publicidad nos van a hacer.
13. ... más partidos nos respaldan, más posibilidades de vencer tenemos.
14. ... más suerte tenga, menos pensará en las dificultades que hay que superar.
15. ... más apoyen EE UU el desarrollo de América Latina, mayores serán las oportunidades de progreso social.
16. ... más tiempo le dedique, más fácil le parecerá el problema.
17. ... más oportunidades se le da, menos se empeña en hacerlo.
18. ... menos obreros se emplean, más larga resulta la construcción.
19. ... más pintura tengas en el cubo, menos viajes tendrás que hacer.
20. ... más opiniones le den, más difícil será la elección final.

Total des points : **/40**

Corrigé

1. **Cuanto** más difícil le parece el problema, más empeño pone en resolverlo.
2. **Cuantas** menos exigencias tengan los candidatos, menos se les concederá.
3. **Cuanto** más insiste en el asunto, menos le escucha el jefe de negociado.
4. **Cuanto** más rápidamente se modernice la fábrica, menos tensiones surgirán.
5. **Cuanta** más gente llegaba a la taquilla, menos tranquilo estaba.
6. **Cuanto** mayor sea el crecimiento, mejor debería ser el balance final.
7. **Cuantos** menos informes tenga que archivar, más tiempo podrá dedicar al proyecto.
8. **Cuantas** más habitaciones se reservan en el hotel, menos caro resulta el viaje.
9. **Cuanto** más pronto llegues a la oficina, más posibilidades de hablarle tendrás.
10. **Cuanta** menos leche pongas en esta salsa, más sabrosa te quedará.
11. **Cuantas** más horas dediques a este programa, menos habrá que buscar otra solución.
12. **Cuantos** más clientes compran esta prenda, más publicidad nos van a hacer.
13. **Cuantos** más partidos nos respaldan, más posibilidades de vencer tenemos.
14. **Cuanta** más suerte tenga, menos pensará en las dificultades que hay que superar.
15. **Cuanto** más apoyen EE UU el desarrollo de América Latina, mayores serán las oportunidades de progreso social.
16. **Cuanto** más tiempo le dedique, más fácil le parecerá el problema.
17. **Cuantas** más oportunidades se le da, menos se empeña en hacerlo.
18. **Cuantos** menos obreros se emplean, más larga resulta la construcción.
19. **Cuanta** más pintura tengas en el cubo, menos viajes tendrás que hacer.
20. **Cuantas** más opiniones le den, más difícil será la elección final.

Traduire les phrases suivantes

1. Plus le niveau de vie est élevé, plus la consommation augmente.
2. Plus le chiffre d'affaire baisse, plus la faillite devient probable.
3. Plus vite tu le finiras, plus de temps tu auras pour jouer.
4. Plus le logiciel est récent, plus disparaissent certaines erreurs.
5. Plus la chambre est luxueuse, plus le prix est élevé.
6. Plus il y a de gens, moins tu as de chance de la trouver.
7. Plus de puissance a la voiture, moins de temps tu mets pour y aller.
8. Plus la gamme est étendue, plus l'éventail des prix est large.
9. Plus s'éloigne la crise du logement, plus on encourage la construction.
10. Plus il y a de locations en été, moins dures sont les condition imposées.
11. Plus il reçoit de livres d'Argentine, moins il va à la bibliothèque centrale.
12. Plus le parti gagne de sièges, plus il s'approche du pouvoir.
13. Plus le malade reçoit de visites, plus il est content.
14. Plus tu feras d'exercices, mieux tu connaîtras le sujet.
15. Plus il prendra de billets, plus il pourra inviter de monde.
16. Plus il y a de produits locaux sur le marché, plus l'économie régionale se développe.
17. Plus il y a de touristes qui passent l'été en ville, plus la saison est rentable.
18. Plus les offres sont nombreuses, plus la concurrence est forte.
19. Plus les hôtels de la côte s'unissent, mieux ils résistent aux tour-opérateurs.
20. Plus le délai de livraison est court, plus la machine revient cher.

Total des points : **/40**

Bilan global : ...../80 : 4 =...../20

Corrigé

1. **Cuanto** más alto es el nivel de vida, más crece el consumo
2. **Cuanto** más baja el volumen de negocios, más probable resulta la quiebra.
3. **Cuanto** más pronto lo acabes, más tiempo tendrás para jugar.
4. **Cuanto** más reciente es el programa, más desaparecen ciertos errores.
5. **Cuanto** más lujosa es la habitación, más alto es el precio.
6. **Cuanta** más gente hay, menos posibilidades de encontrarla tienes.
7. **Cuanta** más potencia tiene el coche, menos tiempo necesitas para ir allí.
8. **Cuanto** más extensa es la gama, más amplio es el abanico de precios.
9. **Cuanto** más se aleja la crisis de la vivienda, más se fomenta la construcción.
10. **Cuantos** más alquileres hay en verano, menos duras son las condiciones impuestas.
11. **Cuantos** más libros recibe de Argentina, menos va a la biblioteca. central
12. **Cuantos** más escaños gana el partido, más se acerca al poder.
13. **Cuantas** más visitas tiene el enfermo, más contento está.
14. **Cuantos** más ejercicios hagas, mejor conocerás el tema.
15. **Cuantas** más entradas saque, más gente podrá invitar.
16. **Cuantos** más productos locales hay en el mercado, más se desarrolla la economía comarcal.
17. **Cuantos** más turistas hay que veranean en la ciudad, más rentable es la temporada.
18. **Cuanto** más numerosas son las ofertas, más fuerte es la competencia.
19. **Cuanto** más se unen los hoteles de la costa, mejor resisten a los operadores turísticos.
20. **Cuanto** más corto es el plazo de entrega, más cara resulta la máquina.

XXIV - LA PRÉPOSITION APRÈS CERTAINS VERBES

Certains verbes sont toujours suivis d'une certaine préposition selon leur signification. À vous de les retrouver.

1. Había tanta gente que paseaba ..... esta avenida que resultaba imposible mirar los escaparates de Navidad.

   a. en b. por c. sobre

2. Cuando el último viajero subió ..... tren, el jefe de estación dio la señal de salida.

   a. en el b. al c. con el

3. Las tres chicas que habían participado .... este proyecto fueron premiadas por el jurado.

   a. en b. a c. por

4. La multinacional pensaba hacerse fácilmente .... esta empresa, pero tuvo que hacer frente a una huelga de los empleados.

   a. en b. a c. con

5. En ningún momento, el director vaciló ..... utilizar la amenaza para obligar a sus competidores a renunciar a la lucha.

   a. en b. a c. con

Total des points : /10

Corrigé

1. b Había tanta gente que paseaba **por** esta avenida que resultaba imposible mirar los escaparates de Navidad.

2. b Cuando el último viajero subió **al** tren, el jefe de estación dio la señal de salida.

3. a Las tres chicas que habían participado **en** este proyecto fueron premiadas por el jurado.

4. c La multinacional pensaba hacerse fácilmente **con** esta empresa, pero tuvo que hacer frente a una huelga de los empleados.

5. a En ningún momento, el director vaciló **en** utilizar la amenaza para obligar a sus competidores a renunciar a la lucha.

6. No tiene que fiarse ..... él, ya sabe de lo que es capaz para lograr sus fines.

a. en b. a c. de

7. ¡Cuando pienso que todos contaban ..... este hombre para ser candidato!

a. en b. con c. sobre

8. Al ver su notas del trimestre, el padre se enfadó y le amenazó .... no dejarle ir de viaje con sus amigos.

a. por b. con c. de

9. ¿Cómo se atreven a decir que este informe se ha inspirado ..... expediente que había leído la semana antes?

a. en el b. con el c. del

10. Inquieto, se acercó ..... la ventana para mirar si no llegaba el médico.

a. a b. junto c. de

11. Tras muchas vacilaciones, acabó ..... decirme lo que le preocupaba tanto después de la visita de su sobrino.

a. para b. por c. en

12. Claro que si lo comparas ..... ordenador de Juanito, ya podemos dejar de hablar.

a. al b. por el c. con el

Total des points : /14

Corrigé

6. c No tiene que fiarse **de** él, ya sabe de lo que es capaz para lograr sus fines.

7. b ¡Cuando pienso que todos contaban **con** este hombre para ser candidato!

8. b Al ver su notas del trimestre, el padre se enfadó y le amenazó **con** no dejar le ir de viaje con sus amigos.

9. a ¿Cómo se atreven a decir que este informe se ha inspirado **en el** expedien te que había leído la semana antes.

10. a Inquieto, se acercó **a** la ventana para mirar si no llegaba el médico.

11. b Tras muchas vacilaciones, acabó **por** decirme lo que le preocupaba tanto después de la visita de su sobrino.

12. c Claro que si lo comparas **con el** ordenador de Juanito, ya podemos dejar de hablar.

13. Fue entonces cuando se puso por fin a pensar ….. la posibilidad de llamarlo.

a. a   b. por   c. en

14. Si sigue soñando ….. este viaje, seguro que va a olvidarse de la cita con Juana.

a. a   b. con   c. en

15. No sé por qué te preocupas tanto …. este chico, para mí no se lo merece.

a. de   b. para   c. por

16. Cuando la secretaria supo que tenía que traducir ….. inglés todo el folleto, se enfadó con su jefe.

a. al   b. en   c. por el

17. Me ha dicho el asistente que tengo que reflexionar ….. su proposición, que era más interesante de lo que yo pensaba.

a. en   b. a   c. por

18. Dicen que este nuevo aparato puede servir ….. ganar bastante tiempo.

a. a   b. para   c. por

19. Es que ha tardado mucho ….. llegar a causa de un atasco imprevisible.

a. a   b. para   c. en

Total des points : /14

Corrigé

13. c Fue entonces cuando se puso por fin a pensar **en** la posibilidad de llamarlo.

14. b Si sigue soñando **con** este viaje, seguro que va a olvidarse de la cita con Juana.

15. c No sé por qué te preocupas tanto **por** este chico, para mí no se lo merece.

16. a Cuando la secretaria supo que tenía que traducir **al** inglés todo el folleto, se enfadó con su jefe.

17. a Me ha dicho el asistente que tengo que reflexionar **en** su proposición, que era más interesante de lo que yo pensaba.

18. b Dicen que este nuevo aparato puede servir **para** ganar bastante tiempo.

19. c Es que ha tardado mucho **en** llegar a causa de un atasco imprevisible.

20. Me extrañó mucho que el representante no me preguntara ….. el responsable con quien había hablado la última vez.

a. por　　b. para　　c. sobre

21. A pesar de las promesas del diputado, los empleados persisten ….. no aceptar las últimas proposiciones de la dirección.

a. por　　b. en　　c. a

22. Si no te interesas ….. este proyecto, quizás vayan a pensar que no quieres obtener el puesto.

a. por　　b. en　　c. a

23. Disculpe si sigo insistiendo ….. este tema, pero el caso me parece fundamental para el porvenir de la empresa.

a. por　　b. en　　c. sobre

24. Tras unas discusiones muy difíciles, todos por fin se comprometieron …. defender la causa del nuevo hospital.

a. a　　b. en　　c. sobre

25. No sé si has reparado ….. el caso, pero me parece extraño que él no haya venido a vernos ayer.

a. en　　b. por　　c. sobre

Total des points : /12

Corrigé

20. a Me extrañó mucho que el representante no me preguntara **por** el responsable con quien había hablado la última vez.

21. b A pesar de las promesas del diputado, los empleados persisten **en** no acep tar las últimas proposiciones de la dirección.

22. a Si no te interesas **por** este proyecto, quizás vayan a pensar que no quieres obtener el puesto.

23. b Disculpe si sigo insistiendo **en** este tema, pero el caso meparece fundamental para el porvenir de la empresa.

24. b Tras unas discusiones muy difíciles, todos por fin se comprometieron **en** defender la causa del nuevo hospital.

25. a No sé si has reparado **en** el caso, pero me parece extraño que él no haya venido a vernos ayer.

26. Cuando salió … la calle, se dio cuenta de que se había olvidado de apagar la luz del cuarto.

a. en b. a c. por

27. Bastaba … verlo para comprender que nunca podría ganar este partido.

a. en b. de c. con

28. Se presentaba como un ateo empedernido, pero yo sabía que creía … Dios.

a. en b. a c. con

29. Cuando viajaba … España, siempre paraba en los mejores hoteles.

a. en b. a c. por

30. Se disponía a cambiar de acera cuando, por casualidad, topó … su jefe.

a. en b. con c. por

Total des points : /10

Bilan global : ...../60 : 3 =...../20

Corrigé

26. b Cuando salió **a** la calle, se dio cuenta de que se había olvidado de apagar la luz del cuarto.

27. c Bastaba **con** verlo para comprender que nunca podría ganar este partido.

28. a Se presentaba como un ateo empedernido, pero yo sabía que creía **en** Dios.

29. c Cuando viajaba **por** España, siempre paraba en los mejores hoteles.

30. b Se disponía a cambiar de acera cuando, por casualidad, topó **con** su jefe.

XXV - TOURNURES DIVERSES

A - Traduction de « où »

1. Si supiera (où) quisiera ir esta tarde, seguro que vendría conmigo sin vacilar.

....

2. El día (où) tú sepas hacerlo sin equivocarte, te dejarán solo frente a la pantalla.

....

3. El despacho (où) trabajaba la semana pasada había sido completamente transformado sin su aprobación.

....

4. Tras una larga caminata, llegó a una plaza desierta (où) solía pasear antes de su traslado a Madrid.

....

B - La défense. Choisir la bonne traduction

1.	N'ayez pas peur.	a.	no tenga miedo	b.	no tened miedo
2.	No te moque pas.	a.	no te rías	b.	no te ríes
3.	Ne viens pas demain.	a.	no ven mañana	b.	no vengas mañana
4.	N'insiste pas.	a.	no insistes	b.	no insistas
5.	Ne nous plaignons pas.	a.	no nos quejemos	b.	no nos quejamos

Total des points /18

Corrigé

1. Si supiera **adónde** quisiera ir esta tarde, seguro que vendría conmigo sin vacilar.
2. El día **en que** tú sepas hacerlo sin equivocarte, te dejarán solo frente a la pantalla.
3. El despacho **donde / en el** que trabajaba la semana pasada había sido completamente transformado sin su aprobación.
4. Tras una larga caminata, llegó a una plaza desierta **por donde** solía pasear antes de su traslado a Madrid.

1. a	N'ayez pas peur.	no tenga miedo
2. a	Ne te moque pas.	no te rías
3. b	Ne viens pas demain.	no vengas mañana
4. b	N'insiste pas.	no insistas
5. a	Ne nous plaignons pas.	no nos quejemos

C - Demander : « pedir » ou « preguntar ». À vous de choisir

1. Le (pidió – preguntó) permiso para retirarse porque estaba muy cansada.

....

2. Le (pidió – preguntó) que fuese a la tienda de la esquina a comprar unos cigarrillos.

....

3. Dolores le (pidió – preguntó) su dirección para mandarle unas postales de allí.

....

4. Como aún no había llegado el dentista, le (pidió – preguntó) que esperara un poco.

....

5. Les (pidió – preguntó) si querían acompañarnos hasta la próxima estación de metro.

....

D - L'apocope. Choisir la réponse correcte

1. Te lo he repetido (cien – cientas) veces pero tú nunca me haces caso.

....

2. Me fastidiaba el hecho de que viviera sola en esta (gran – grande) casa.

....

3. (cualquier – cualquiera) noche me conviene para ir a ver esta película.

....

4. El (tercer – tercero) mes tuvo que renunciar por culpa de su mejor amigo.

....

5. El (últim – último) día llegó disfrazado y nunca supimos por qué lo había hecho.

....

Total des points : /20

Corrigé

1. Le **pidió** permiso para retirarse porque estaba muy cansada.
2. Le **pidió** que fuese a la tienda de la esquina a comprar unos cigarrillos.
3. Dolores le **preguntó** su dirección para mandarle unas postales de allí.
4. Como aún no había llegado el dentista, le **pidió** que esperara un poco.
5. Les **preguntó** si querían acompañarnos hasta la práxima estación de metro.

1. Te lo he repetido **cien** veces pero tú nunca me haces caso.
2. Me fastidiaba el hecho de que viviera sola en esta **gran** casa.
3. **Cualquier** noche me conviene para ir a ver esta película.
4. El **tercer** mes tuvo que renunciar por culpa de su mejor amigo.
5. El **último** día llegó disfrazado y nunca supimos por qué lo había hecho.

E - Choisir l'adverbe qui correspond à l'adjectif

1.	triste	a. tristamente	b. tristemente
2.	hábil	a. hábilamente	b. hábilmente
3.	serio	a. seriemente	b. seriamente
4.	alegre	a. alegramente	b. alegremente
5.	regular	a. regularmente	b. regularamente

F - « por » ou « para »

1. Al pasar .... la calle Manises, entraré en una pastelería .... comprar un helado.
2. Usa el catalán .... hablar en casa y el castellano ..... la oficina.
3. Siempre me decía que lo hacía .... su bien, ... que lo sepa.
4. Si lo haces ..... mí, te advierto que eso no sirve ..... nada.
5. Lo tomaron ..... tonto y él, humillado, se fue ..... siempre.
6. Me parece que sus padres salen ..... Argentina .... tres meses.
7. El director lo tiene ..... un interino modelo y por eso lo ha contratado .... un año más.
8. ..... complacerme puso en la puerta un letrero en el que estaba escrito: cerrado ..... reformas.

G - Trouver l'interrogatif qui convient

1. ¿..... sirve este aparato que han traído ayer cuando yo no estaba?
2. ¿..... es esta cartera tan bonita? Porque mía seguro que no lo es.
3. ¿..... se ha ido ya el chófer del presidente? No recuerdo qué calle me dijo.
4. ¿..... dice que le costó este traje? No me lo puedo creer.
5. ¿..... entró este señor que ni siquiera le he visto pasar?

Total des points : **/36**

Corrigé

1. b	triste	tristemente
2. b	hábil	hábilmente
3. b	serio	seriamente
4. b	alegre	alegremente
5. a	regular	regularmente

1. Al pasar **por** la calle Manises, entraré en una pastelería **para** comprar un helado.
2. Usa el catalán **para** hablar en casa y el castellano **para** la oficina.
3. Siempre me decía que lo hacía **por** su bien, **para** que lo sepa.
4. Si lo haces **por** mí, te advierto que eso no sirve **para** nada.
5. Lo tomaron **por** tonto y él, humillado, se fue **para** siempre.
6. Me parece que sus padres salen **para** Argentina **por** tres meses.
7. El director lo tiene **por** un interino modelo y por eso lo ha contratado **por** un año más.
8. **Para** complacerme puso en la puerta un letrero en el que estaba escrito: cerrado **por** reformas.

1. ¿**Para qué** sirve este aparato que han traído ayer cuando yo no estaba?
2. ¿**De quién** es esta cartera tan bonita? Porque mía seguro que no lo es.
3. ¿**Adónde** se ha ido ya el chófer del presidente? No recuerdo qué calle me dijo.
4. ¿**Cuánto** dice que le costó este traje? No me lo puedo creer.
5. ¿**Por dónde (cuándo – cómo, 3 solutions possibles)** entró este señor que ni siquiera le he visto pasar?

H - Choisir le pronom relatif (et la préposition) qui convient

1. Dice Manuela que el recién llegado es un técnico ….. se puede contar.
2. La dificultad ….. se ha enfrentado mañana va a acabar con su reputación.
3. La moto ….. he soñado esta noche no se parece en nada a la que me ofrecieron.
4. Nunca podré confiar ….. no aceptan mi modo de ver en cuanto a este proyecto.
5. La película ….. he pensado para nosotros tendría que gustarte, me parece.
6. No hay manera de recordar el nombre de esta persona ….. he visto anoche.
7. Este punto …… has insistido tanto no me parece muy importante.
8. En el momento …. lo vio entrar supo que todo se iba a decantar por el buen lado.

I - Compléter avec « tener » ou « haber »

1. El producto que ….. marca siempre se vende más fácilmente.
2. Las referencias de estos productos ….. de figurar en el envase.
3. El candidato ….. de cumplir con los requisitos fijados por el equipo directivo.
4. Para ser comprado, un producto ….. que ser por lo menos atractivo.
5. Pienso que los ejecutivos ….. que ser más atentos a las peticiones de los obreros.

Total des points : /28

Bilan global : ...../100 : 5 =...../20

Corrigé

1. Dice Manuela que el recién llegado es un técnico **con quien** se puede contar.
2. La dificultad **con la que** se ha enfrentado mañana va a acabar con su reputación.
3. La moto **con la que** he soñado esta noche no se parece en nada a la que me ofrecieron.
4. Nunca podré confiar **en los que/en quienes** no aceptan mi modo de ver en cuanto a este proyecto.
5. La película **en la que** he pensado para nosotros tendría que gustarte, me parece.
6. No hay manera de recordar el nombre de esta persona **a quien** he visto anoche.
7. Este punto **en el que** has insistido tanto no me parece muy importante.
8. En el momento **en que** lo vio entrar supo que todo se iba a decantar por el buen lado.

1. El producto que **tiene** marca siempre se vende más fácilmente.
2. Las referencias de estos productos **han** de figurar en el envase.
3. El candidato **ha** de cumplir con los requisitos fijados por el equipo directivo.
4. Para ser comprado, un producto **tiene** que ser por lo menos atractivo.
5. Pienso que los ejecutivos **tienen** que ser más atentos a las peticiones de los obreros.

XXVI - LES ADVERBES

Rendre à chaque adverbe ou locution adverbiale sa traduction

A. Le temps

1.	sur le champ	a.	muchas veces	
2.	à l'heure actuelle	b.	mientras tanto	
3.	dès que possible	c.	de vez en cuando	
4.	souvent	d.	en seguida	
5.	à l'avance	e.	de repente	
6.	tout à coup	f.	a estas alturas	
7.	de temps en temps	g.	en lo sucesivo	
8.	pendant ce temps	h.	de antemano	
9.	par la suite	i.	en el acto	
10.	tout de suite	j.	cuanto antes	

B. La manière

1.	par hasard	a.	a las claras	
2.	volontiers	b.	de (en) broma	
3.	à tort et à travers	c.	a sus anchas	
4.	clairement	d.	de cualquier modo	
5.	de but en blanc	e.	a quemarropa	

Total des points : **/30**

Corrigé

1. i	sur le champ	en el acto
2. f	à l'heure actuelle	a estas alturas
3. j	dès que possible	cuanto antes
4. a	souvent	muchas veces
5. h	à l'avance	de antemano
6. e	tout à coup	de repente
7. c	de temps en temps	de vez en cuando
8. b	pendant ce temps	mientras tanto
9. g	par la suite	en lo sucesivo
10. d	tout de suite	en seguida

1. f	par hasard	por casualidad
2. i	volontiers	de buena gana
3. g	à tort et à travers	a tontas y a locas
4. a	clairement	a las claras
5. h	de but en blanc	de buenas a primeras

6.	à son aise	f.	por casualidad	
7.	pour plaisanter	g.	a tontas y a locas	
8.	à brûle-pourpoint	h.	de buenas a primeras	
9.	de même	i.	de buena gana	
10.	n'importe comment	j.	asimismo	

C. Divers

1.	malgré	a.	sin embargo	
2.	par contre	b.	cada vez más	
3.	évidemment	c.	a continuación	
4.	cependant	d.	más bien	
5.	non plus	e.	de prisa	
6.	de plus en plus	f.	a lo sumo	
7.	tout au plus	g.	en cambio	
8.	à la suite	h.	tampoco	
9.	à la hâte	i.	a pesar de	
10.	plutôt	j.	por supuesto	

Total des points : /30

Bilan global : ...../60 : 3 =...../20

Corrigé

6. c	à son aise	a sus anchas
7. b	pour plaisanter	de (en) broma
8. e	à brûlepourpoint	a quemarropa
9. j	de même	asimismo
10. d	n'importe comment	de cualquier modo

1. i	tout au plus	a lo más
2. g	par contre	en cambio
3. j	évidemment	por supuesto
4. a	cependant	sin embargo
5. h	non plus	tampoco
6. b	de plus en plus	cada vez más
7. f	tout au plus	a lo sumo
8. c	à la suite	a continuación
9. e	à la hâte	de prisa
10. d	plutôt	más bien

XXVII - TROIS TEXTES BRIÈVEMENT COMMENTÉS

Le texte à l'oral

Nous allons ici commenter brièvement trois textes donnés lors de l'oral d'espagnol LVI en BTS « Action commerciale ». Nous avons choisi trois articles portant sur des thèmes différents, afin de mieux détacher ce qui leur est commun et ce qui leur est spécifique.

Rappelons que si lors de l'épreuve écrite le dictionnaire bilingue est parfois admis, il n'en va pas de même lors de l'épreuve orale, où le candidat est seul face au sujet proposé. Ceci pose l'incontournable problème du vocabulaire que se doit de connaître le candidat, vocabulaire que nous pourrions diviser en deux parties :

– celle relevant de son domaine d'étude, et avec lequel le travail en classe a dû quelque peu le familiariser ;

– celle relevant du vocabulaire général, et là, force est de constater qu'il n'y a pas de limites.

Nous en trouvons un exemple avec le titre du second texte proposé « Verdugo de los hiper ». Ce titre, « bourreau des hyper » résume à lui seul l'article, mais l'ignorance de la signification du premier terme prive l'étudiant d'une première approche de la teneur de cet article.

Citons trois titres d'autres sujets :

« Ponga **una monja** en su empresa »	une religieuse
« Pascual quiere **ordeñar** el negocio inmobiliario »	traire
« **Hucha** común en Ikea »	tirelire

Nous soulignerons dans chaque texte proposé ces difficultés de vocabulaire que seul un travail méthodique et la lecture fréquente et attentive des manuels comme des journaux permettent de surmonter.

En règle générale, le candidat parvient toujours à cerner le thème central de l'article, il en dégage les idées essentielles avec plus ou moins de bonheur, mais bute souvent sur le commentaire de celui-ci. « Qu'est-ce qu'on pouvait dire ? » est la question qui revient souvent dans la bouche de nos étudiants. Cette difficulté tient, nous semble-t-il, à la conjonction de deux points :

– une compréhension par trop approximative du texte, faute d'en saisir toutes les nuances, à cause de certains termes ou expressions non compris ;

– une certaine « fascination » du texte qui empêche le candidat d'élargir le sujet à des données qu'il possède la plupart du temps.

Mais rares sont cependant les textes qui ne proposent pas une varieté d'angles d'approche au point de laisser le candidat sans solution.

Enfin, le problème de la chronologie des faits envisagés dans un article. Bien souvent celui-ci mêle passé, présent et futur dans un ordre qui demande à être clairement perçu pour éviter bien des contresens. L'étudiant se doit de maîtriser ce procédé journalistique qui devrait lui être tout de même familier.

TEXTE 1

El País 1993

Estudian y trabajan

El verano ofrece una variada gama de empleos temporales a los jóvenes universitarios

1. « Trabajo para vivir mejor en invierno. El campo me gusta y de él viviré, indirectamente, en el futuro ». Mariano Barceló estudia segundo de Veterinaria en Zaragoza. Como ha venido haciendo durante los últimos cinco años, los meses de verano los dedicará a **las faenas agrícolas** en Mallorca.
2. Como Mariano en Baleares, Francisco Moreno, en Sevilla, Luis Ortiz, Benito Alogo y Mónica García, en Madrid, aprovechan también las vacaciones para obtener **ingresos**. Las tareas son variadas : temporeros del campo, camareros ocasionales, socorristas y hasta vendedores en época de rebajas. Cualquier cosa vale cuando se trata de ganar unas pesetas aprovechando las largas vacaciones de verano.
3. Son sólo **un botón de muestra**. Aunque no es posible determinar el número total, son bastantes los muchachos españoles que emplean todas o parte de sus vacaciones académicas en trabajos ocasionales con los que aportar algún dinero a las economías de sus familias o para hacer frente a sus propios gastos o aficiones.
4. En el caso de Mariano Barceló, su familia había tenido en explotación **una finca** agrícola en Mallorca. La poca rentabilidad hizo que abandonaran la agricultura y la ganadería y se dedicaran al comercio en un pueblo costero de la isla.
5. A Mariano no le son ajenas las dedicaciones actuales. Conoce los cultivos de **albaricoques** y su posterior corte y secado. También **ha vareado las almendras** y ha realizado las labores de la vendimia. Intermitentemente, los trabajos agrícolas ocupan su verano. « El calendario de **las cosechas** », indica, « en esta zona de Mallorca entre Manacor y Vilafranca parece hecho a medida para facilitar el

trabajo temporal de los estudiantes ». Ante la escasez de mano de obra nativa, la retribución del duro trabajo agrícola, a pleno sol, es alta. No baja de las 1.000 pesetas la hora de media.

6. En las fincas en las que trabaja Mariano coincide con otros temporeros estudiantes. Pocos, sin embargo, se dedican a las tres temporadas clásicas de las cosechas en la isla.

Servir copas

7. Los bares y terrazas veraniegos constituyen otra buena oferta, quizá la más extendida, para trabajar en periodo vacacional. Luis Ortiz, de 21 años, trabaja en una terraza de la Castellana, en Madrid. Hace tres años se fue a estudiar COU a Estados Unidos. De elevada estatura, había jugado al baloncesto en el Caja de Guadalajara. Al ver sus posibilidades, le dieron una beca en el equipo de la Universidad de Misuri, donde actualmente estudia bussines – el equivalente a Económicas.

8. Después de los dos primeros años en la high school, en la que la beca le alcanzaba el 100% del coste de sus estudios, el curso que viene sólo le cubrirá el 75% del millón de pesetas que cuesta el año escolar en la Universidad de Misuri. A diferencia de Mariano, Luis piensa dedicar integramente los dos meses que tiene de vacaciones a su actual trabajo.

9. « Me he puesto a servir copas para conseguir las 250.000 pesetas que me faltan para pagar el curso ; ya soy mayorcito y no se me plantea que sean mis padres quienes me den ese dinero », afirma.

Commentaire du texte 1

Le titre et le chapeau (la entradilla) suffisent à situer le thème général.

Une première lecture, rapide, permet de distinguer deux exemples : celui de Mariano Barceló et celui de Luis Ortiz. Leur deux cas structurent l'article : les travaux agricoles et servir dans un bar.

On remarquera aussi l'évocation de plusieurs lieux du pays : Zaragoza, Mallorca, Sevilla, Madrid, Barcelone Guadalajara. Ceci est l'occasion de rappeler que l'on ne peut se passer d'une bonne connaissance de la réalité géographique et politico-administrative de l'Espagne, ainsi que de sa pluralité linguistique. Il est toujours navrant de voir des candidats buter sur ces points.

Le vocabulaire

La première partie ne devrait guère présenter de difficultés. Nous rappellerons cependant la signification de quelques termes (soulignés en gras dans le texte) dont la méconaissance peut entraîner une incompréhension partielle de la situation réelle de M. Barceló.

(1) las faenas agrícolas: les travaux agricoles

(2) los ingresos: les revenus – las rebajas: les soldes

(3) un botón de muestra: un échantillon

(4) una finca: une ferme –- la ganadería: l'élevage

(5) los albaricoques: les abricots – varear: gauler (battre les branches d'un arbre pour en faire tomber les fruits) – las almendras: les amandes – las cosechas: les récoltes

On aura remarqué que les parents de M. Barceló possédaient une ferme à Majorque, que ce dernier est donc familiarisé avec les travaux agricoles, et qu'il n'y consacre pas toute la durée de ces vacances (« intermitentemente » – On soulignera le fait que la rareté de main-d'œuvre locale est une opportunité pour les étudiants et que le travail est bien payé (5).

La deuxième partie est un peu plus délicate. Les étudiants ont du mal à saisir la situation de Luis Ortiz, pourquoi il se trouve aux États-Unis. Cette difficulté repose sur un seul terme, (« la beca »: la bourse). Luis Ortiz est un jeune homme, de grande taille, (« de elevada estatura ») qui joue au basket dans l'équipe de Guadalajara (ville de Castille-La Manche – Caja de Guadalajara: la Caisse d'Épargne de Guadalajara). S'étant fait remarquer, il a obtenu une bourse pour jouer dans l'équipe de l'Université du Missouri où il a étudié COU (Curso de Orientación Universitario – Terminale). On notera son désir d'indépendance financière à l'égard de ses parents.

Les deux exemples présentés dans le texte devraient permettre un commentaire relativement aisé de la part du candidat. On comparera tout d'abord les deux situations : les deux sont loin de chez eux : l'un à Saragosse (alors que Barcelone est plus proche), l'autre aux États-Unis (on pourra évoquer la relation sports-études). Leurs besoins sont différents. On évoquera aussi les salaires. Le candidat ne pourra passer sous silence sa propre expérience ou celle de camarades. La cherté et le financement des études sont un thème qui devrait inspirer tout candidat.

TEXTE 2

El País 06-04-1997

Verdugos de los « hiper »

1. Media docena de años después de que hubieran empezado a surgir como **hongos** en EE. UU., los category killers se están convirtiendo en un fenómeno en España. Como una nueva revolución comercial en marcha, esos enormes hipermercados superespecializados en una sola línea de productos (juguetes, artículos de deporte, informática, muebles, libros o bricolaje), ofrecidos a precios discount y, por tanto casi tirados, abundan cada vez más entre nosostros y están a punto de superar, en metros cuadrados, a los propios hipermercados de toda la vida.
2. Hasta 1992, había poco más que unas cuantas macrotiendas de Leroy-Merlin, la cadena de bricolaje de Auchan. La explosión vino después con la entrada o expansión de verdaderos category killers de EE. UU., como Toys'R'Us (el pionero) y Blockbuster, y europeos, como Virgin, FNAC, Decathlon y, por último, Ikea, que entró **de sopetón** con dos gigantescos hipermercados del mueble con 42.500 metros en Madrid y Barcelona en sólo seis meses.
3. Estas empresas basan su capacidad de expansión en la venta de volúmenes descomunales de una sola línea de productos y se dedican, además, a canibalizar sus propias tiendas para eliminar la competencia. Así actúan en EE. UU. En Europa funcionan más amablemente, de momento. Una de las últimas en llegar a España, Blockbuster (alquiler de videos), empezó en 1995 y ya tiene 42 tiendas. « Abriremos otras 20 en dos o tres años », informan.
4. Virgin llegó en 1992 y tiene dos megastores en Barcelona y Sevilla (y siete tiendas), y abrirá su tercer gran espacio en Madrid a finales de este año o principios del que viene. La Francesa FNAC, del grupo Pinault-Printemps, añadió recientemente otros 3.200 metros en la Ille de Barcelona a los 4.000 que tenía en Callao, en Madrid, y está buscando sitio en Valencia.

5. Los category killers están afectando el desarrollo de grandes almacenes e hipermercados. Domínguez señala que estas superficies tendrán dificultades en competir en **surtido** y en precio, por lo que deberán reenfocar sus estrategias. Mientras que la cuota de juguetes del comercio tradicional e hipermercados baja, Toy'R'Us aumentó sus ventas entre 1994 y 1996 en un 41%, de 18.000 millones a ceca de 26.500 millones.

6. Para luchar contra este nuevo formato en su propio terreno, El Corte Inglés, por ejemplo, ha decidido convertir algunas de sus tiendas (principalmente de las que adquirió a Galerías Preciados) en centros especializados en ocio y cultura, electrónica o muebles y equipamiento de **hogar**. Ha optado por mantener en estos establecimientos la marca El Corte Inglés. La francesa Auchan adoptó hace años una filosofía similar, pero con marcas distintas para cada sector : Decathlon para deportes o Leroy-Merlin para bricolaje. Las dos marcas, category killers a la europea, están muy activas en España. Leroy-Merlin tiene ya 10 centros de 6.000 metros cada uno y Decathlon, con 14 centros de 3.000 metros, va a inaugurar otros dos este año.

Commentaire du texte 2

Le texte ne présente pratiquement pas de difficultés de vocabulaire, si ce n'est le titre auquel nous avons déjà fait allusion. Les termes que nous avons retenus ne constitue pas un obstacle à la bonne compréhension de l'article.

el verdugo: le bourreau

los hongos: les champignons

de sopetón: à l'improviste – inopinément – sans crier gare

el surtido: le choix

el hogar: le foyer

On peut pour dégager la structure de l'article s'en tenir pratiquement aux paragraphes qui le constituent.

Thème central	La concurrence sans merci

Idées essentielles

Premier paragraphe	Définition des « category killers »
Deuxième paragraphe	Leur pénétration sur le marché espagnol
Troisième et quatrième paragraphes	Leur stratégie avec trois exemples
Cinquième paragraphe	La menace qu'ils représentent
Sixième paragraphe	La riposte de El Corte Inglés et de Auchan

La compréhension du titre permet de centrer l'analyse du texte sur la menace que représentent aujourd'hui ces « hypermarchés superspécialisés » (le langage n'est pas neutre) pour les hypermarchés « traditionnels ».

Le candidat ne devrait pas se trouver en mauvaise posture face à l'évocation d'une situation qu'il a déjà rencontrée dans sa vie. Les hypermarchés spécialisés sont présents sur tout le territoire national depuis bien des années déjà. Le phénomène est plus récent en Espagne, mais a rapidement pris de l'ampleur.

On pourra souligner le paradoxe de la situation que créent ces hypermarchés spécialisés. Hier les hypermarchés traditionnels basaient leur stratégie sur la diversité de l'offre rassemblée en un seul lieu, mettant à mal le commerce traditionnel des centres ville. Et voilà qu'aujourd'hui, on retourne à la « boutique spécialisée », mais à une tout autre échelle. On assiste ici à une sorte d'histoire de l'arroseur arrosé (el alguacil alguacilado), où l'hypermarché se trouve menacé par ce qu'il entendait nier hier.

On peut également s'interroger sur le devenir de cette « logique » et se demander si demain nous ne serons pas confrontés à des « superespaces » commerciaux où seront rassemblés un certain nombre de ces hypermarchés superspécialisés, sorte de « centre ville » (ou « hors-ville ») gigantesque d'où sera définitivement absente toute dimension humaine.

TEXTE 3

El País 18-07-1999

El nuevo Gobierno Balear quiere frenar la avalancha de turismo y de urbanizaciones.

1. De momento, ecologistas y grandes compañías turísticas internacionales han encontrado asumible el mensaje antidesarrollista del futuro Gobierno balear, respaldado por el PSOE, los nacionalistas de Unió Mallorquina y del Partido Socialista de Mallorca, y por Progresistas de Ibiza y Formentera e IU-Els Verds. **La gallina de los huevos de oro** está a punto de desfallecer de agotamiento. Esa es la clave de por qué el cambio político de Baleares **ha cuajado**.
2. « Es bueno que se abran las ventanas, se frene el expansionismo y pasen al frente otros hombres », asegura un destacado financiero insular. El nuevo Gobierno pondrá en primer plano frenar el crecimiento de la actividad turística y congelar el proceso de urbanización del interior y litoral de las islas. Lejos de asustar, eso sintoniza con unos empresarios que ya le **han visto las orejas al lobo** del expansionismo sin barreras en un territorio frágil.
3. El futuro Ejecutivo pretende reducir la afluencia masiva de turistas en verano, recortar plazas en oferta y diversificar hacia la cultura y el ocio en la naturaleza a lo largo de todas las estaciones del año. Se trata de mejorar en calidad y no en cantidad.
4. El PP ya inició ese camino de reconversión turística, pero pecó de tímido y produjo unos efectos indeseados. Los propios empresarios criticaron el alza especulativa del precio del suelo y de los hoteles causada por la política del PP.
5. Las áreas centrales de actuación del nuevo Gobierno serán la política turística y la ordenación del territorio. La modernización de las instalaciones hoteleras conllevará **el derribo** de edificios viejos en los núcleos tradicionales del perfil de las islas, donde se concentran 400.000 plazas controladas y 150.000 **sumergidas**. La población residente en Baleares es de 760.000 personas. Se estima que los turistas la duplican, pero se desconocen las cifras reales.

6. En esta apuesta de crecimiento cero, de carácter intervencionista, se adoptarán medidas a favor de la calidad en zonas históricas y ámbitos de ocio alrededor de parques naturales.

7. « Se trata de que venga menos gente y de mejorar la categoría de la oferta para tener un turismo de mayor capacidad adquisitiva y más rentable para todos », explica María Antonia Munar, la dirigente de la liberal Unió Mallorquina y presidente del Consell de Mallorca, cuyos votos han sido claves para constituir la nueva mayoría arco iris que aparta al PP del poder autonómico en Baleares, después de 16 años ininterrumpidos. Munar ha sido **la diana** de muchas diatribas por su apoyo a la izquierda. Pero pocos saben de su conocimiento sobre la realidad turística y empresarial de las islas. Durante el último año, cada semana ha mantenido un encuentro con hoteleros y financieros de Baleares. « Hace falta un cambio de modelo, y en esta cuestión todos nos diferenciamos del PP », subraya su aliado, el socialista Francesc Antich.

8. El inspirador de esta nueva política sobre turismo es Celestí Alomar, probable consejero de Turismo. « Parar y modernizar », dice Alomar, « son tendencias que popicia el propio sector empresarial hotelero, y que reclaman tanto el mercado como los operadores internacionales. »

9. Uno de los hoteleros mallorquines de más peso internacional, Miguel Fluxá, del Grupo Iberostar, se pronunció, antes de las elecciones, sin ambajes, contra el crecimiento y la proliferación de camas. El equipo socialista ha trazado su proyecto en diálogo con los agentes empresariales y sociales, sin pronunciamientos adversos de las patronales. Alomar fue alto cargo de Turismo en el último Gobierno de Felipe González y antes trabajó en el Gobierno autonómico del PP de Baleares. « En mi época se rebajaron las plazas hoteleras. Luego se dispararon », agrega.

10. El programa del futuro Gobierno intenta evitar un eventual **colapso** de la exitosa y espontánea vía económica balear, por saturación de visitantes concentrados en los cien días vacacionales del año. La voz de alarma sobre « la sensación de agobio y atasco » en playas y carreteras de Mallorca e Ibiza la había dado el propio Gobierno del Partido Popular, en agosto de 1998.

11. Pero era ya tarde. « Hemos tocado techo, no podemos crecer más », dijo entonces el hasta ahora presidente balear, Jaume Matas.

Commentaire du texte 3

Voici un article fort intéressant, non par le thème lui-même, car le tourisme est l'un des thèmes les mieux connus des étudiants, mais par le contexte dans lequel il est abordé. L'angle politique sous lequel il est envisagé nous rappelle que tout étudiant en BTS se doit de connaître un certain nombre de données quant à la politique espagnole ou américaine.

Le vocabulaire ne devrait pas présenter de difficultés majeures. Nous donnons cependant la traduction de quelques mots et expressions, plus comme rappel que comme aide à la compréhension.

respaldar: soutenir, appuyer

la gallina de los huevos de oro: la poule aux œufs d'or

cuajar: réussir, réaliser, se concrétiser

ver las orejas al lobo: prendre conscience du danger

el derribo: la démolition

sumergido: clandestin

la diana: la cible

el colapso: la paralysie, l'effondrement

Il sera plus judicieux ici de dégager le thème du texte (explicité par le titre) et d'énoncer les idées essentielles qui sutructurent l'article plutôt que de tenter d'en faire une approche paragraphe par paragraphe.

Une première lecture permettra de dégager les trois points que nous allons envisager :

– le changement de gouvernement ;

– les risques encourus ;

– les solutions envisagées.

Ce n'est que lorsque ce travail préalable aura été fait que l'on pourra élargir le commentaire à d'autres situations similaires.

– Le changement de gouvernement.

L'étudiant doit bien repérer les situations évoquées : hier et demain. Hier le Gouvernement des Baléares était dirigé par le PP (Partido Popular – parti de centre droit, dont le leader est José María Aznar, qui a remporté les élections législatives du 12 mars 2000) dont le président était Jaume Matas (11). Le nouveau Gouvernement est formé par une coalition (« la nueva mayoría arco irisv » – 7) dont les membres sont évoqués dans le premier paragraphe (IU = Izquierda Unida, ex-communiste. « Unió Mallorquina » et « Els Verds » nous rappellent la particularité linguistique des îles). A la date où est écrit l'article, le nouveau Gouvernement n'a pas encore pris ses fonctions (« Celestí Alomar, probable consejero de Turismo » – 8 et « el hasta ahora presidente » – 11).

– Les risques encourus.

Ils sont évoqués à plusieurs moments de l'article.

– la gallina de los huevos de oro está a punto de desfallecer de agotamiento. – 1

– el expansionismo sin barreras en un territorio frágil. – 2

– el alza especulativa del precio del suelo y de los hoteles. – 4

– un eventual colapso de la exitosa y espontánea vía económica balear. – 10

– hemos tocado techo. – 11

– Les solutions envisagées.

Elles sont résumées par deux formules :

– mejorar en calidad y no en cantidad. – 3

– parar y modernizar. – 8

et précisées en bien des moments :

– el mensaje antidesarrollista del futuro Gobierno. – 1

– se frene el expansionismo. – 2

– frenar el crecimiento de la actividad turística. – 2

– congelar el proceso de urbanización. – 2

– reducir la afluencia masiva de turistas en verano. – 3

– recortar plazas en oferta. – 3

– diversificar hacia la cultura y el ocio. – 3

– la modernización de las instalaciones hoteleras. – 5

– el derribo de viejos edificios. – 5

– medidas a favor de la calidad en zonas históricas. – 6

– mejorar la categoría de la oferta. – 7

Il faut souligner également le soutien à cette nouvelle politique des secteurs financier et hôtelier :

– asegura un destacado financiero insular. – 2

– eso sintoniza con unos empresarios. – 2

– los propios empresarios criticaron... – 4

– son tendencias que propicia el propio sector empresarial. – 8

– uno de los hoteleros mallorquines de más peso internacional. – 9

– sin pronunciamientos adversos de las patronales. – 9

Repérer ces différents points permet d'analyser correctement la situation évoquée par l'article.

On pourra ensuite donner son avis sur cet état de fait, analyser les conséquences d'un développement anarchique où l'appât du gain (el afán de lucro), le souci du profit tient lieu de seul critère. On insistera sur l'aspect paradoxal de la situation où deux îles (sur les cinq que comptent les Baléares) apparaissent comme victimes de leur succès, dû non seulement à l'attrait de cette zone mais aussi à la conjoncture internationale où d'autres destinations habituelles ont été abandonnées.

On pourra aussi faire un rappel de l'exploitation de la manne touristique par le franquisme dans les années 60-70 et la fragilité d'une économie reposant sur une rentrée de devises soumise aux aléas de la conjoncture (politique ou de mode).

Le candidat ne négligera pas la référence à d'autres situations analogues en France ou ailleurs, où l'été voit des villages et villes multiplier leur population par des coefficients surprenants, avec toutes les conséquences que ces « invasions » supposent pour la vie locale (avantages et inconvénients).

Achevé d'imprimer en mai 2002
sur les presses de Normandie Roto Impression s.a.s.
à Lonrai (Orne)
N° d'imprimeur : 021000
Dépôt légal : mai 2002

Imprimé en France